动力电池及能源管理技术

主　编　黄　勇

副主编　刘德友　毛兴燕　撒韶峰

重庆大学出版社

内容提要

本书从电池的起源和发展开始,系统介绍了电动汽车动力电池技术的发展历史、现状与趋势,内容涵盖动力电池的基础知识;锂离子电池、碱性动力电池的类型、结构、原理及特点;电动汽车电源管理系统及其关键技术。读者可以通过本书迅速了解电动汽车动力电池相关技术及应用情况。

本书内容深入浅出,既适合对电动汽车动力电池技术感兴趣的人士阅读和学习,也可以满足职业院校新能源汽车类相关专业的教学需求。

图书在版编目(CIP)数据

动力电池及能源管理技术/黄勇主编. -- 重庆:
重庆大学出版社,2021.6(2024.7 重印)
ISBN 978-7-5689-2813-7

Ⅰ.①动… Ⅱ.①黄… Ⅲ.①电动汽车—蓄电池—管
理 Ⅳ.①U469.720.3

中国版本图书馆 CIP 数据核字(2021)第 119694 号

动力电池及能源管理技术
DONGLI DIANCHI JI NENGYUAN GUANLI JISHU
主 编 黄 勇
副主编 刘德友 毛兴燕 撒韶峰
策划编辑:杨粮菊
责任编辑:谭 敏 版式设计:杨粮菊
责任校对:张红梅 责任印制:张 策
*
重庆大学出版社出版发行
出版人:陈晓阳
社址:重庆市沙坪坝区大学城西路 21 号
邮编:401331
电话:(023)88617190 88617185(中小学)
传真:(023)88617186 88617166
网址:http://www.cqup.com.cn
邮箱:fxk@cqup.com.cn(营销中心)
全国新华书店经销
POD:重庆市圣立印刷有限公司
*
开本:787mm×1092mm 1/16 印张:7.5 字数:157 千
2021 年 6 月第 1 版 2024 年 7 月第 2 次印刷
ISBN 978-7-5689-2813-7 定价:39.00 元

前 言

汽车工业的快速发展为人类提供了方便、舒适、快捷的现代生活。但是,传统燃油汽车保有量的不断增加引发了环境污染、石油资源短缺以及国家能源安全等问题。近年来,许多国家的汽车制造商都在研发新能源汽车,以减少对传统化石燃料的依赖。新能源汽车已被我国列入七大战略新兴产业之一和《中国制造2025》十大重点优先发展的领域之一。

动力电池作为新能源汽车的核心部件,直接影响电动汽车的动力性、经济性、安全性、耐久性和成本等。电池技术和电池产业受到越来越多国家的重视,社会对掌握新能源汽车以及动力电池使用维修技术的技能型人才的需求将不断增加。近年来不少开设汽车类专业的职业院校根据市场需求,相继新增了新能源汽车检测与维修等相关专业,但适合教学的专业教材不多。而选择合适的课程教材,对院校专业建设至关重要。

本书从电池的起源和发展出发,系统介绍了电动汽车动力电池技术的发展历史、现状与趋势,内容涵盖动力电池的基础知识;锂离子电池、碱性动力电池的类型、结构、原理及特点;电动汽车电源管理系统及其关键技术。读者可通过本书迅速了解电动汽车动力电池的相关技术及应用情况。

本书内容深入浅出,既适合对电动汽车动力电池技术感兴趣的人士阅读和学习,也可以满足职业院校新能源汽车类相关专业的教学需求。

限于编者水平,书中难免存在疏漏之处,恳请广大读者提出宝贵意见,以便进一步修改完善。

编 者

2020 年 12 月

目录

第 **1** 章
动力电池发展及应用概述

1.1　电池的起源和发展

　　电池的诞生是基于人们对获取持续而稳定的电流的需要,而电池的发明是源于一次青蛙解剖实验所产生的灵感,非常偶然。1780 年的一天,意大利解剖学家路易吉·伽伐尼(Luigi Galvani)在做青蛙解剖时,双手分别拿着不同的金属器械,无意中两种金属器械同时碰到了青蛙的大腿,青蛙腿部的肌肉立刻抽搐了一下,仿佛受到电流的刺激,而如果只用一种金属器械去碰触青蛙,就无此种反应。伽伐尼认为,出现这种现象是因为动物躯体内部产生的一种电,他称之为"生物电"。伽伐尼的发现引起了物理学家们的极大兴趣,他们竞相重复伽伐尼的实验,企图找到一种产生电流的方法。而意大利物理学家亚历山德罗·伏特(Alessandro Volta)在多次实验后则认为:青蛙的肌肉之所以能产生电流,大概是肌肉中某种液体在起作用。为了论证自己的观点,伏特把两种不同的金属片浸在各种溶液中进行试验。结果发现,两种金属片中,只要有一种金属片与溶液发生了化学反应,金属片之间就能够产生电流。1799 年,伏特成功制成了世界上第一个电池"伏特电堆"。这个"伏特电堆"实际上就是串联的电池组。

　　两种金属片加液体组成了电池最初的形态。由于电池中有液体,而且往往用的是硫酸,搬运很不方便,早期电池的应用非常有限。物理学家进一步发明了"干电池",解决了运输的问题。1860 年,法国的乔治·雷克兰士(George Leclanche)发明了碳锌电池,这种电池更容易制造,且液体的电解液逐渐被黏浊状类似糨糊的电解液所取代,"干"性电池出现了。1887 年,英国人威廉·赫勒森（Wilhelm Hellesen）发明了最早的干电池。相对于液电池而言，干电池的电解液为糊状，不易溢漏，便于携带，因此得到了广泛应用。如今，干电池已经发展成为一个庞大的家族，种类有100多种。常见的有普通锌锰干电池、碱性锌-锰干电池、镁-锰干电池等。不过，最早发明的碳锌电池依然是现代干电池中产量最大的电池。

在干电池技术的不断发展过程中，新的问题又出现了。人们发现，干电池尽管使用方便、价格低廉，但用完即废，无法重复利用。另外，由于以金属为原料容易造成原材料浪费，废弃电池会造成环境污染。于是，能够经过多次充电放电循环，反复使用的蓄电池成为新的研究方向。事实上，蓄电池的最早发明同样可以追溯到1860年。当年，法国人加斯顿·普朗特（Gaston Plante）发明了用铅做电极的电池。这种电池的独特之处是，当电池使用一段时间电压下降时，可以给它通以反向电流，使电池电压回升。因为这种电池能充电，并可反复使用，所以称它为"蓄电池"。1890年，爱迪生发明了可充电的铁镍电池，1910年可充电的铁镍电池商业化生产。如今，充电电池的种类越来越丰富，形式也越来越多，从最早的铅蓄电池、铅晶蓄电池到铁镍蓄电池以及银锌蓄电池，发展到铅酸蓄电池、太阳能电池以及锂离子电池等。与此同时，蓄电池的应用领域也越来越广，电容越来越大，性能越来越稳定，充电越来越便捷。在电池领域，锂离子电池和燃料电池成为最令人瞩目的"明星"。

从上面的介绍可以看出，整个电池的发展史可以说是一段"试试各种金属能不能造电池"的历史。现在电池界最"红"的金属是"锂"。锂是所有金属里分子量最小的，质量比同分子量的水还轻，而且化学性质非常活泼，需要保存在石蜡里。实际上，爱迪生就曾经发明过锂电池，但是锂金属的化学性质非常活泼，使得锂金属的加工、保存、使用对环境的要求非常高，所以锂电池在当时没有得到应用。现在，人们对电池的需求和要求增加，恰好锂电池具有能量质量比高、电压高、自放电小、可长时间存放等优点，所以它在近30年取得了巨大发展。我们用的计算机、计算器、照相机、手表中的电池都是锂电池。锂电池组装完成后电池即有电压，不需充电。但锂电池虽然可以充电，但循环性能不好，在充放电的循环过程中，容易形成锂枝晶，造成电池内部短路，所以一般情况下锂电池是禁止充电的。后来，索尼公司发明了以炭材料为负极，以含锂的化合物为正极，在充放电过程中，没有金属锂存在，只有锂离子存在，这就是锂离子电池。锂离子电池的优势十分明显：工作电压高、体积小、质量轻、能量高、无记忆效应、无污染、自放电小、循环寿命长。锂离子电池通过锂离子在正负极之间"跑来跑去"来完成充电和放电。在锂电池研发领域最值得称赞的技术是"层叠电池结构"，也就是把充放电模块做成很薄的层，然后把多个层叠在一起，这样就可以用很小的体积达到较高的效率。所以，锂离子电池被广泛应用于汽车、笔记本电脑、手机等行业。

1.2　动力电池发展现状及趋势

长期以来,动力电池的寿命和成本问题一直是制约电动汽车发展的技术瓶颈。通过不断的技术创新与改进,电池技术得到了飞速的发展。动力电池已经从传统的铅酸电池发展到镍氢、钴酸锂、锰酸锂、聚合物、三原材料、磷酸铁锂等先进的绿色动力电池,动力电池在能量密度、功率密度、安全性、可靠性、循环寿命、成本等方面都取得了很大的进步。

不同类型的动力电池性能、价格具有明显差异,能适应不同的消费层次和满足不同的需要。铅酸电池、镍氢电池、锂离子电池在未来一段时间内仍将是国内外电动汽车动力电池的主要类型,会共同占有电动汽车用动力电池的市场。燃料电池、锌空气电池、超级电容和超高速飞轮等电池技术以其独特的优势在经过一系列技术革新和发展后也将在一些特定的领域逐步得到应用和推广。

铅酸电池经过 100 多年的发展,技术成熟,初期采购成本比镍氢电池和锂离子电池要低得多,而且电池结构方面的新技术继续提高了铅酸电池的性能,因此在一段时间内铅酸电池仍然会被广泛地使用。目前,铅酸电池比较适合低速、低成本的电动车辆,我国绝大多数电动自行车的电池采用铅酸电池,低速短途电动汽车也广泛应用铅酸电池。目前我国多个省份已经开始放开对低速短途电动汽车的政策,在一定意义上将促进铅酸电池的应用。但是,铅及其化合物对人体有毒,而且铅酸电池性能大幅度提高的可能性不大,从长远来看,铅酸电池将被其他新型电池所取代。

镍氢电池和锂离子电池属于新型动力电池。在镍氢动力电池研发和产业化方面,日本走在了前列。目前,已经产业化的混合动力电动汽车普遍采用了镍氢电池,其使用寿命已经能够达到 10 年。镍氢电池以其功率密度高,技术成熟,在电动车辆动力电池中将被持续稳定地应用,今后研发的重点主要集中在提高镍氢电池的能量密度方面。

在锂离子电池领域,随着锂离子电池材料的研究和发展,尤其是磷酸铁锂、钛酸锂等电极材料的出现,大大提高了锂离子电池的循环寿命,降低了电池的材料成本和使用成本,使锂离子电池成为近期内最有发展前途和推广应用前景的动力电池。

近年来,以锂离子动力电池为代表的先进动力电池,在能量密度、功率密度、安全性、可靠性、循环寿命、成本等方面取得了突破性进展,为电动汽车的发展注入了新的活力。目前,能量型锂离子动力电池的能量密度能够达到 120 W·h/kg 以上,分别是铅酸电池和镍氢电池的 3 倍和 2 倍,电池组寿命达到 10 年或 20 万 km,成本已降低至 1 美元/A·h 左右,初步具备了产业化的条件。

当前,国际上各大电池公司纷纷投入巨资研发锂离子动力电池,并在技术上取得了系列重大突破。如美国的 A123 公司研制的锂离子动力电池,电池容量为 23 A·h,循环寿命长达 1 000 次以上,能够以 70 A 电流持续放电,120 A 电流瞬时放电,产品安全可靠;美国 Valence 公司研制的 U-charge 磷酸铁锂动力电池,除了能量密度高、安全性好以外,可在 −20 ~ 60 ℃ 的宽温度范围内放电及储存,其质量也比铅酸电池轻了 36%,一次充电后的使用时间是铅酸电池的 2 倍,循环寿命是铅酸电池的 6 ~ 7 倍。随着锂离子动力电池技术的不断发展,其在电动汽车上的应用前景被汽车企业普遍看好。在近两年国际车展上,各大汽车公司展出的绝大多数纯电动汽车和混合动力汽车都采用了锂离子动力电池。

1.3 国内动力电池供应商介绍

(1)比亚迪

比亚迪是国内汽车品牌,创立于 1995 年,主要生产商务轿车、家用轿车和电池,2003 年成长为全球第二大充电电池生产商。

在电池领域,比亚迪具备 100% 自主研发、设计和生产能力,凭借 20 多年的不断创新,产品已经覆盖消费类 3C 电池、动力电池(磷酸铁锂电池和三元电池)、太阳能电池,以及储能电池等领域,并形成了完整的电池产业链。目前,比亚迪是全球产能最大的磷酸铁锂电池厂商。除新能源车和轨道交通外,比亚迪的电池产品还广泛用于太阳能电站、储能电站等多种新能源解决方案。比亚迪也是全球领先的太阳能和储能解决方案供应商,产品已经出口至美国、德国、日本、瑞士、加拿大、澳大利亚、南非等多个国家,主要客户包括中国国家电网、中广核、美国雪佛龙、德国 Fenecon、日本 A-style 等。

比亚迪于 2020 年 3 月 29 日发布了刀片电池,其能量密度比传统铁锂电池提升了 50%,同时成本下降了 30%,图 1.1 所示为比亚迪刀片电池。

刀片电池采用磷酸铁锂技术,通过创新工艺,在保留磷酸铁锂高稳定性、高安全性优势的同时,能量密度进一步提升。刀片电池通过结构创新,在成组时可以跳过"模组",大幅提高了体积利用率,最终达成在同样的空间内装入更多电芯的设计目标。相较传统电池包,刀片电池的体积利用率提升了 50% 以上,也就是说续航里程可提升 50% 以上,达到了高能量密度三元锂电池的同等水平。更重要的是"刀片电池"的设计使得它在短路时产热少、散热快,其在

"针刺试验"中的表现非常优异。

图 1.1　比亚迪刀片电池

（2）宁德时代

宁德时代新能源科技有限公司（CATL）成立于 2011 年,目前是全球动力电池龙头企业。公司主要经营新能源汽车动力电池系统、储能系统的研发、生产和销售。2014 年后随着国内新能源汽车市场规模扩张实现了快速增长。2017 年起宁德装机量蝉联全球首位,2019 年装机量 32.9 GW·h,国内市场占有率达到 52.9%。宁德时代抓住"铁锂-低端三元-高端三元"三次技术升级的机会,凭借高效的产品研发能力和快速扩产能力,成功卡位成为国内动力电池企业龙头。

宁德时代主打方形电池,2018 年开始批量供应软包,主要供应日产轩逸;在电芯化学体系上,CATL 正极材料选择磷酸铁锂和三元路线。

（3）国轩高科股份有限公司

国轩高科股份有限公司是中国动力电池产业最早进入资本市场的民族企业,拥有新能源汽车动力电池、储能、输配电设备等业务板块,旗下包括合肥国轩高科动力能源有限公司、工研总院、资本中心和东源电器四大板块。

国轩高科是国内最早从事新能源汽车动力锂离子电池自主研发、生产和销售的企业之一,专业从事新型锂离子电池及其材料的研发、生产和经营,拥有核心技术知识产权。其主要产品为磷酸铁锂材料及电芯、三元电芯、动力电池组、电池管理系统及储能型电池组。产品广泛应用于纯电动商用车、乘用车、物流车和混合动力汽车等新能源汽车领域,并与国内多家主要新能源整车企业建立了长期战略合作关系。

（4）惠州亿纬锂能股份有限公司

惠州亿纬锂能股份有限公司成立于 2001 年,是具有国际先进技术水平的绿色高能锂电池全球主要供应商之一。

亿纬锂能始终坚持自主开发和技术创新,在锂/亚硫酰氯、锂/二氧化锰和锂/二硫化铁等一次锂电池领域拥有技术和生产规模的优势。公司的主要产品锂/亚硫酰氯电池在国内市场的占有率遥遥领先,并已成为具有国际先进技术水平的绿色高能锂电池的全球主要供应商之一。产品广泛应用于全球智能表计、汽车电子、安防、数据通信和智能交通等领域。

在全球新能源产业不断升级的背景下,亿纬锂能引进了先进的自动化生产设备和尖端的分析测试仪器,研发并生产了各种规格的高性能锂二次电池,包括聚合物锂离子电池、方形和柱形液态锂离子电池、锂离子动力与储能电池等,产品广泛应用于消费类电子产品、便携式电子设备、电动工具、电动自行车和储能动力等领域。

（5）天津力神电池股份有限公司

天津力神电池股份有限公司是一家拥有自主知识产权核心技术的,专业从事锂离子蓄电池以及动力电池的技术研发、生产和经营的股份制高新技术企业。

公司位于天津滨海高新区华苑产业区,占地 40 万平方米,成立于 1997 年 12 月 25 日,注册资本 12.5 亿元人民币,总资产 60 亿元人民币。目前公司已具有 5 亿 A·h 锂离子电池的年生产能力,产品包括圆形、方形、聚合物和塑料软包装、动力电池四大系列几百个型号。力神公司以自主知识产权和创新机制为依托,加上国家移动通信国产化配套政策的大力支持,在短短几年时间里迅猛发展,成为迄今国内投资规模最大、技术水平最高的锂离子蓄电池专业生产企业,并跻身世界锂电行业前列,产品应用也由便携式移动电子设备拓展到新能源电动汽车、风能及太阳能发电、储能系统等众多领域。

第 **2** 章
汽车动力电池基础知识及充电设施介绍

2.1 动力电池基础知识简介

2.1.1 动力电池的概念及结构

动力电池即为工具提供动力来源的电源,多指为电动汽车、电动列车、电动自行车、高尔夫球车提供动力的蓄电池。其主要区别于用于汽车发动机启动的启动电池,多采用阀口密封式铅酸蓄电池、敞口式管式铅酸蓄电池以及磷酸铁锂蓄电池。图2.1 所示为车用动力电池。

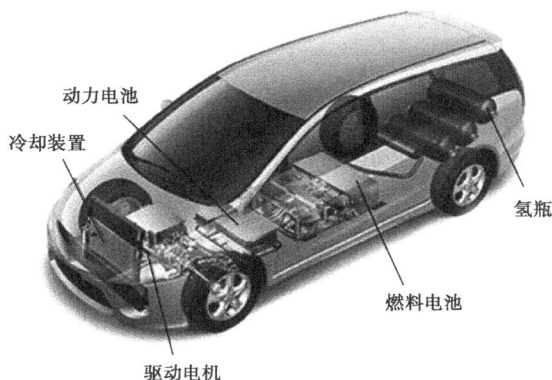

图2.1 车用动力电池

（1）动力电池的结构

①电池盖。

②正极:活性物质为氧化钴锂。

③隔膜:一种特殊的复合膜。

④负极:活性物质为碳。

⑤有机电解液。

⑥电池壳。

（2）动力电池的特点

①高能量和高功率。

②高能量密度。

③高倍率部分荷电状态（HRPSOC）下的循环使用。

④工作温度范围宽（-30~65 ℃）。

⑤使用寿命长,要求 5~10 年。

⑥安全可靠。

2.1.2　动力电池的分类

按照能量的来源,电动汽车使用的动力电池分为 3 类:化学电池、物理电池和生物电池。

（1）化学电池

化学电池是利用物质的化学反应会产生电能这一特点研制的电池。化学电池可以进一步按工作性质、正负极材料、电池特性和电解质进行分类。其中按电解质和正负极材料是较为常用的分类方法。

1）化学电池按照工作性质分类

①一次电池也称原电池,即不能够再充电的电池,如生活中常用的锌锰干电池。

②二次电池即可充电反复使用的电池,这也是汽车动力电池最基本的要求。

③燃料电池,指正负极本身不含活性物质,活性材料连续不断从外部加入,如氢燃料电池。

2）按正负极材料分类

①锌锰电池系列。

②镍镉、镍氢系列。

③铅酸系列。

④锂离子电池系列。

3）按电池特性分类

①高容量电池。

②密封电池。

③高功率电池。

④免维护电池。

⑤防爆电池等。

4）按电解质分类

①酸性电池。

②碱性电池。

③中性电池。

④有机电解质电池。

⑤非水无机电解质电池。

⑥固体电解质电池。

（2）物理电池

物理电池的工作原理是利用光、热、物理吸附等物理能量进行发电,比如人们常见的太阳能电池、超级电容器、飞轮电池等。

（3）生物电池

生物电池是利用生物化学反应发电的电池,如微生物电池、酶电池、生物太阳能电池等。

迄今已经实用化的车用动力蓄电池有传统的铅酸蓄电池、镍镉电池、镍氢电池和锂离子电池。在物理电池领域中,超级电容器也应用于电动汽车中。生物燃料电池在车用动力中应用前景也十分广阔,以氢为燃料的燃料电池和氧化物燃料电池的研发已进入重要发展阶段。

2.1.3　典型动力电池介绍

（1）铅酸蓄电池

铅酸蓄电池是一种电极主要由铅及其氧化物制成,电解液是硫酸溶液的蓄电池,1859 年

图 2.2 铅酸蓄电池

由法国人雷蒙德·路易斯·加斯顿·普兰特（Raymond Louis Gaston Planté）（Plante）发明，至今已有 100 多年的历史。自从铅酸蓄电池被发明后，因为其价格低廉、原材料易于获得、使用上有充分的可靠性、适用于大电流放电及广泛的环境温度范围等优点，在化学电源中一直占有绝对优势。图 2.2 所示为铅酸蓄电池。

铅酸蓄电池分为排气式蓄电池和免维护铅酸蓄电池。放电状态下，正极主要成分为二氧化铅，负极主要成分为铅；充电状态下，正负极的主要成分均为硫酸铅。铅酸蓄电池主要由管式正极板、负极板、电解液、隔板、电池槽、电池盖、极柱、注液盖等组成。排气式蓄电池的电极是由铅和铅的氧化物构成，电解液是硫酸的水溶液，主要优点是电压稳定、价格便宜；缺点是比能（即每千克蓄电池存储的电能）低、使用寿命短和日常维护频繁。铅酸蓄电池需要在每次保养时检查电解液的密度和液面高度，如果有缺少需添加蒸馏水。随着蓄电池制造技术的升级，铅酸蓄电池发展为铅酸免维护蓄电池，使用铅酸免维护蓄电池的过程中无需添加电解液或蒸馏水，主要原理是正极产生的氧气可在负极被吸收实现氧循环，可防止水分减少。免维护铅酸蓄电池的应用范围更加广泛。

（2）镍镉蓄电池

镍镉蓄电池是一种碱性蓄电池。正极活性物质主要由镍制成，负极活性物质主要由镉制成的，电解液是氢氧化钾溶液。其优点是轻便、抗震、寿命长。图 2.3 所示为镍镉蓄电池。

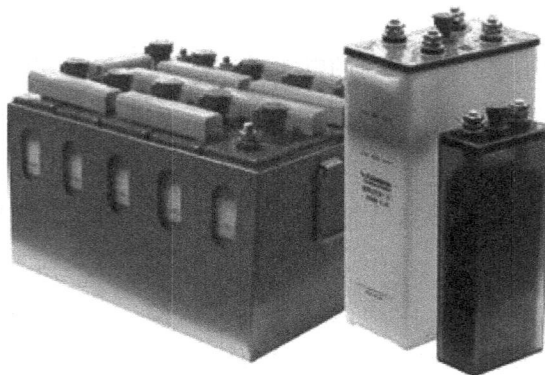

图 2.3 镍镉蓄电池

镍镉蓄电池的正极材料为氢氧化亚镍和石墨粉的混合物，负极材料为海绵网筛状镉粉和氧化镉粉，电解液通常为氢氧化钠或氢氧化钾溶液。当环境温度较高时，使用密度为 1.17 ~

1.19(15 ℃时)的氢氧化钠溶液;当环境温度较低时,使用密度为 1.19~1.21(15 ℃时)的氢氧化钾溶液;在 -15 ℃以下时,使用密度为 1.25~1.27(15 ℃时)的氢氧化钾溶液。为兼顾低温性能和荷电保持能力,密封镍镉蓄电池采用密度为 1.40(15 ℃时)的氢氧化钾溶液。为了增加蓄电池的容量和循环寿命,通常在电解液中加入少量的氢氧化锂(每升电解液加 15~20 g)。

镍镉蓄电池充电后,正极板上的活性物质变为氢氧化镍,负极板上的活性物质变为金属镉;镍镉电池放电后,正极板上的活性物质变为氢氧化亚镍,负极板上的活性物质变为氢氧化镉。

(3)镍氢蓄电池

镍氢蓄电池是 20 世纪 90 年代发展起来的一种新型电池,主要由正极、负极、极板、隔膜、电解液等组成。正极活性物质为 $Ni(OH)_2$(称 NiO 电极),负极以镍的储氢合金为主要材料,电解液为 6 mol/L 氢氧化钾溶液,隔膜具有保液能力和良好透气性。图 2.4 所示为镍氢蓄电池。

镍氢电池具有无污染、高比能、大功率、快速充放电、耐用性等许多优异特性。与铅酸蓄电池相比,镍氢电池具有比能量高、质量轻、体积小、循环寿命长的特点。镍氢电池作为氢能源应用的一个重要方向越来越被人们注意。

图 2.4 镍氢蓄电池

(4)铁镍蓄电池

铁镍蓄电池的电解液是碱性的氢氧化钾溶液,是一种碱性蓄电池。其正极为氧化镍,负极为铁。其优点是轻便、寿命长、易保养,缺点是效率不高。图 2.5 所示为铁镍蓄电池。

图 2.5 铁镍蓄电池

（5）锂离子电池

锂离子电池是20世纪研发成功的新型高能电池,1990年最先由日本索尼公司研发成功,90年代进入实用阶段。锂离子电池是一种二次电池（充电电池）,负极是石墨等材料,正极材料是磷酸铁锂、钴酸锂、钛酸锂等。锂离子电池的工作原理基于"摇椅"机理。充电时,由于外部电流的作用,锂离子从正极材料的晶格中脱出,通过电解质溶液和隔膜,嵌入负极材料晶格中;放电时,锂离子从负极脱出,通过电解质溶液和隔膜,嵌入正极材料晶格中。在整个充放电过程中,锂离子往返于正负极之间。图2.6所示为锂离子电池。

图2.6　锂离子电池

锂离子电池具有能量高、电压高、工作温度范围宽、储存寿命长等优点,已广泛应用于军事和民用小型电器中。随着电动汽车的发展和普及,锂离子电池在电动汽车领域将会发挥更重要的作用。在动力电池领域,锰酸锂和磷酸铁锂是最有前途的正极材料。二者相对钴酸锂具有更强的价格优势,同时具有更佳的热稳定性和安全性。

2019年10月9日,瑞典皇家科学院宣布将2019年诺贝尔化学奖授予约翰·古迪纳夫John Goodenough、斯坦利·惠廷厄姆Stanley Whittingham和吉野彰Akira Yoshino,以表彰他们在锂离子电池研发领域做出的贡献。

（6）空气电池

空气电池是化学电池的一种,其构造原理与干电池相似,不同的只是它的氧化剂取自空气中的氧。空气电池分为锌空气电池、锂空气电池和铝空气电池。图2.7所示为空气电池。

锌空气电池用活性炭吸附空气中的氧或纯氧作为正极活性物质,以锌为负极,以氯化铵或苛性碱溶液为电解质的一种原电池,又称锌氧电池。分为中性和碱性两个体系的锌空气电池,分别用字母A和P表示,其后再用数字表示电池的型号。锌空气电池的充电过程进行得十分缓慢,为解决这一问题,当锌空气电池的负极锌板或锌粒,被氧化成氧化锌而失效后,一般采用直接更换锌板或锌粒和电解质的方法,使锌空气电池完全更新。

图 2.7　空气电池

铝空气电池,顾名思义就是以铝与空气作为电池材料的一种新型电池。它是一种无污染、长效、稳定可靠的电源,是一款对环境十分友好的电池。电池的结构以及使用的原材料可根据不同实用环境和要求而变动,具有很强的适应性,既能用于陆地也能用于深海,既可作动力电池,又能作长寿命、高比能的信号电池,是一款功能非常强大的电池,具有广阔的应用前景。铝空气电池的化学反应与锌空气电池类似,铝空气电池以高纯度铝 Al(含铝 99.99%)为负极、氧为正极,以氢氧化钾(KOH)和氢氧化钠(NaOH)水溶液为电解质。铝摄取空气中的氧,在电池放电时产生化学反应,铝和氧作用转化为氧化铝。铝空气电池的进展十分迅速,它在电动汽车上的应用已取得良好效果,是一种很有发展前途的空气电池。

锂空气电池并非新概念。众所周知,锂离子电池广泛用于手机和笔记本电脑等,目前已经是下一代充电式混合动力车和电动车动力电池的理想之选。它比其他汽车电池的密度更高、电量更充足,但受制于电池容量,价格也更贵,充电后的行驶距离仍不够远。普遍认为,要实现电动汽车的普及,能源密度需达到目前的 6 ~ 7 倍,于是金属锂空气电池备受关注。由于在正极上使用空气中的氧作为活性物质,锂空气电池理论上正极的容量密度是无限的。另外,如果负极使用金属锂,理论容量会比锂离子充电电池提高 10 倍。科学家认为,锂空气电池的性能是锂离子电池的 10 倍,可以提供与汽油同等的能量。锂空气电池从空气中吸收氧气充电,因此这种电池可以更小、更轻。

(7)飞轮电池

飞轮电池是 20 世纪 90 年代才提出的新概念电池,突破了化学电池的局限,用物理方法实现储能。众所周知,当飞轮以一定角速度旋转时,它就具有一定的动能。飞轮电池正是以其动能转换成电能的。图 2.8 所示为飞轮电池。

图 2.8 飞轮电池

飞轮电池中有一个电机,充电时该电机以电动机形式运转,在外电源的驱动下,电机带动飞轮高速旋转,即用电给飞轮电池"充电"增加飞轮的转速从而增大其动能;放电时,电机则以发电机状态运转,在飞轮的带动下对外输出电能,完成机械能(动能)到电能的转换。当飞轮电池发电时,飞轮转速逐渐下降,飞轮电池的飞轮是在真空环境下运转的,转速极高(高达200 000 r/min),使用的轴承为非接触式磁轴承。据称,飞轮电池比能可达 150 W·h/kg,比功率可达 5 000～10 000 W/kg,使用寿命长达 25 年,可供电动汽车行驶 500 万 km。美国飞轮系统公司已用最新研制的飞轮电池成功地把一辆克莱斯勒 LHS 轿车改装成电动轿车,一次充电可行驶 600 km,起步至 96 km/h 的加速时间为 6.5 s。

飞轮电池因具有清洁、高效、充放电迅捷、不污染环境等特点而受到汽车行业的广泛重视。车辆在正常行驶和刹车制动时,给飞轮电池充电;飞轮电池则在加速或爬坡时,给车辆提供动力,确保车辆平稳运行。飞轮电池在汽车行业的应用,既可减少燃料消耗、空气和噪声污染,也可减少发动机的维护,延长发动机的寿命。

(8)燃料电池

燃料电池是一种将存在于燃料与氧化剂中的化学能直接转化为电能的发电装置。燃料和空气分别被送进燃料电池,电就被生产出来。它从外表上看有正负极和电解质等,像一个蓄电池,但实质上它不能"储电",而是一个"发电厂"。

和普通化学电池相比,燃料电池可以补充燃料,通常是补充氢气。一些燃料电池能使用甲烷和汽油作为燃料,但通常是限制在电厂和叉车等工业领域使用。氢燃料电池基本原理是电解水的逆反应,即把氢和氧分别供给阳极和阴极,氢通过阳极向外扩散和电解质发生反应后,放出电子通过外部的负载到达阴极。

氢燃料电池的工作原理:将氢气送到燃料电池的负极(阳极),经过催化剂(铂)的作用,氢原子中的一个电子被分离出来,失去电子的氢离子(质子)穿过质子交换膜,到达燃料电池正极(阴极),而电子是不能通过质子交换膜的,这个电子只能经外部电路,到达燃料电池阴极板,从而在外电路中产生电流。

电子到达阴极板后,与氧原子和氢离子重新结合为水。供应给阴极板的氧可以从空气中获得,因此只要不断地给阳极板供应氢,给阴极板供应空气,并及时把水蒸气带走,就可以不断地提供电能。

燃料电池发出的电经逆变器、控制器等装置给电动机供电,再由传动系统、驱动桥等带动车轮转动,就可使车辆在路上行驶。与传统汽车相比,燃料电池车能量转化效率高达 60% ~ 80%,为内燃机的 2 ~ 3 倍。

燃料电池是环保清洁的能源,它的燃料是氢和氧,生成物是清洁的水,其不产生一氧化碳和二氧化碳,也没有硫和微粒排出。

2.1.4　动力电池的性能指标

动力电池的性能指标主要有电压、容量、内阻、能量、功率、输出效率、自放电率、放电倍率、使用寿命等,根据电池种类不同,其性能指标也有差异。

(1)电压

电压分为端电压、开路电压、额定电压、充电终止电压和放电终止电压等。

1)端电压

端电压是指电池正极与负极之间的电位差。

2)开路电压

电池在开路条件下的端电压称为开路电压,即电池在没有负载情况下的端电压。开路电压取决于电池正负极材料的活性、电解质和温度条件等,而与电池的几何结构和尺寸大小无关。

3)额定电压

额定电压是电池在标准规定条件下工作时应达到的电压。常用电池单体额定电压见表2.1。

表 2.1　常用电池单体额定电压

电池类型	单体额定电压/V
铅酸电池	2
镍镉电池	1.2
镍锌电池	1.6
镍氢电池	1.2
锌空气电池	1.2
铝空气电池	1.4
钠-氯化镍电池	2.5
钠-硫电池	2.0
锰酸锂电池	3.7
磷酸铁锂电池	3.2

4)充电终止电压

蓄电池充足电时,极板上的活性物质已达到饱和状态,再继续充电,电池的电压也不会上升,此时的电压称为充电终止电压。

铅酸蓄电池的充电终止电压为 2.7~2.8 V,金属氢化物镍蓄电池的充电终止电压为 1.5 V,锂离子蓄电池的充电终止电压为 4.25 V。

5)放电终止电压

放电终止电压是指电池放电时允许的最低电压。

电池在一定标准放电条件下放电时,电池的电压将逐渐降低,当电池不宜再继续放电时,电池的最低工作电压称为放电终止电压。如果电压低于放电终止电压后电池继续放电,电池两端电压会迅速下降,形成深度放电,极板上形成的生成物在正常充电时就不易再恢复,从而影响电池的寿命。放电终止电压和放电率有关,放电电流直接影响放电终止电压。在规定的放电终止电压下,放电电流越大,电池的容量越小。

金属氢化物镍蓄电池的放电终止电压为 1 V,锂离子蓄电池的放电终止电压为 3.0 V。

(2)容量

电池在一定的放电条件下(放电率、温度、充电终止电压等)所能放出的电量称为电池容量,等于放电电流与放电时间的乘积,用字母 C 表示。其单位常用 A·h 或 mA·h 表示。电池容量是衡量电池性能的重要性能指标之一。

1）电池容量的分类

按照不同条件分为理论容量、实际容量、标称容量与额定容量。

①理论容量是把活性物质的质量按法拉第定律计算而得到的最高理论值，即假定活性物质全部参加电池的成流反应所能提供的电量，用 C_0 表示。

法拉第定律指出，电流通过电解质溶液时，在电极上发生化学反应的物质的量与通过的电量成正比：

$$Q = \frac{zmF}{M} \tag{2.1}$$

式中　Q——电极反应中通过的电量；

　　　z——在电极反应式中的电子计量系数；

　　　m——发生反应的活性物质的质量；

　　　M——活性物质的摩尔质量；

　　　F——法拉第常数。

②实际容量是指电池在实际应用工况下放电，电池实际放出的电量，用 C 表示，它等于放电电流与放电时间的乘积，单位为 A·h，其值小于理论容量。由于受放电率的影响较大。常在字母 C 的右下角以阿拉伯数字标明放电率，例如，$C_{20} = 50$ A·h，表明在 20 时率下的容量为 50 A·h。

$$恒电流放电时　C = I \times T \tag{2.2}$$

$$恒电阻放电时　C = \int_0^T I \mathrm{d}t \tag{2.3}$$

式中　I——放电电流；

　　　T——放电至终止电压的时间。

③标称容量是用来鉴别电池的近似安时值。

④额定容量也称为保证容量，是按国家或有关部门颁布的标准，在一定的放电条件下（如温度、放电率、终止电压等）应该放出的最低限度的容量。用 C_g 表示。由于电池内阻的存在，活性物质的利用率总是小于 1，因此，化学电池的实际容量、额定容量总是低于理论容量。

2）电池容量的影响因素

电池的实际容量取决于电池中活性物质的多少和活性物质的利用率。活性物质质量越大，活性物质利用率越高，电池的容量也就越大。影响电池容量的因素很多，常见的有放电率、温度、终止电压、极板的几何尺寸等。

①放电率对电池容量的影响。铅蓄电池容量随放电倍率的增大而降低，也就是说放电电流越大，计算出电池的容量就越小。比如一只 10 A·h 的电池，用 5 A 放电可以放 2 h，即 5 ×

2 = 10 A·h;那么用 10 A 放电只能放出 47.4 min 的电,合 0.79 h,其容量仅为 10×0.79 = 7.9 A·h。所以对于给定电池在不同时率下放电,将有不同的容量。在谈到容量时必须知道放电的时率或倍率,简单地说就是用多大的电流放电。

②温度对电池容量的影响。温度对铅酸蓄电池的容量影响较大,一般随温度的降低,电池容量下降。在蓄电池生产标准中,一般要规定一个温度为额定标准温度(一般为 25 ℃),负极板受低温的影响要比正极板敏感。当电解液温度降低时黏度增大,离子受到较大的阻力,扩散能力下降,电解液电阻增大,从而使电化学反应阻力增加,一部分硫酸铅不能正常转化,充电接受能力下降,导致蓄电池容量下降。

③终止电压对电池容量的影响。当电池放电至某一个电压值后,产生电压急剧下降,实际上所获得的能量非常小。如果长期深放电,对电池的损害相当大,所以必须在某一电压值终止放电,该终止放电电压称为放电终止电压。设定放电终止电压对延长蓄电池使用寿命意义重大。

④极板的几何尺寸对电池容量的影响。在活性物质的量一定时,与电解液直接接触极板的几何面积增加,电池容量增加。极板的厚度、高度、面积都会影响电池容量。

电池容量随极板厚度的增加而减少:极板越厚,硫酸与活性物质接触面就越小,活性物质的利用率越低,电池容量越小。

在电池中极板的上下两部分的活性物质利用率存在着较大的差异。放电初期极板上部比下部的电流密度高出 2~2.5 倍,这种差别随着放电时间的推移而逐渐减少,但上部电流密度大于下部电流密度。

电池容量随极板几何面积的增加而增加:极板几何面积越大,活性物质的利用率就越高,电池的容量也就越大。在电池壳体相同、活性物质量不变的情况下,采用薄极板而增加极板片数,也就是增加了极板的有效反应面积,从而提高了活性物质的利用率,增加了电池的容量。

(3)内阻

内阻的定义为电流通过电池内部时受到阻力,使电池的工作电压降低,该阻力称为电池内阻。

内阻的特性:电池内阻不是常数,在放电过程中受到活性物质的组成、电解液浓度、温度变化和放电时间的影响。电池内阻包括欧姆内阻 R_Ω 和电极在电化学反应时所表现出的极化内阻 R_f,两者之和称为电池的全内阻:

$$R_内 = R_\Omega + R_f \qquad\qquad (2.4)$$

欧姆内阻 R_Ω 由电极材料、电解液、隔膜的内阻及各部分零件的接触电阻组成,遵守欧姆定律。

极化内阻 R_f 指化学电源的正极与负极在电化学反应进行时由于极化所引起的内阻。受活性物质的本性、电极的结构、电池的制造工艺和温度的影响。电池产生极化现象的原因有欧姆极化、浓度极化和电化学极化。

欧姆极化是指在充放电过程中,为了克服欧姆内阻,就必须额外施加一定的外加电压,以克服阻力推动离子迁移。电流越大,欧姆极化将造成蓄电池在充电过程中的温度越高。浓度极化指电流流过蓄电池时,生成物和反应物的扩散速度比化学反应速度慢,造成极板附近电解质溶液浓度发生变化,即从电极表面到中部溶液,电解液浓度分布不均匀。电化学极化是由于在电极上进行的电化学反应的速度落后于电极上电子运动的速度所造成的。

充电电池的内阻很小,需要用专门的仪器才可以测量到比较准确的结果。一般所指的电池内阻是充电态内阻,即指电池充满电时的内阻。与之对应的是放电态内阻,指电池充分放电后的内阻。一般说来,放电态内阻比充电态内阻大,并且不太稳定。电池内阻越大,电池自身消耗掉的能量越多,电池的使用效率就越低。内阻很大的电池在充电时发热很厉害,使电池的温度急剧上升,对电池和充电器的影响都很大。随着电池使用次数的增多,由于电解液的消耗及电池内部化学物质活性的降低,电池的内阻会有不同程度的升高。

(4)能量

动力电池的能量是指在一定放电制度下电池所能输出的电能,单位是 W·h 或 kW·h。它影响电动汽车的行驶里程。

动力电池的能量分为总能量、理论能量、实际能量、比能量、能量密度、充电能量和放电能量等。

1)总能量
电池的总能量是指蓄电池在其寿命周期内电能输出的总和。

2)理论能量
理论能量是电池的理论容量与额定电压的乘积,指在一定标准所规定的放电条件下电池所输出的能量。

3)实际能量
实际能量是电池实际容量与平均工作电压的乘积,表示在一定条件下电池所能输出的能量。

4）比能量

比能量也称为质量比能量，是指电池单位质量所能输出的电能，单位是 W·h/kg，常用比能量来比较不同的电池系统。

比能量有理论比能量和实际比能量之分。理论比能量是指 1 kg 电池反应物质完全放电时理论上所能输出的能量；实际比能量是指 1 kg 电池反应物质所能输出的实际能量。由于各种因素的影响，电池的实际比能量远小于理论比能量。

电池的比能量是综合性指标，它反映了电池的质量水平。电池的比能量影响电动汽车的整车质量和续驶里程，是评价电动汽车的动力电池是否满足预定续驶里程的重要指标。

5）能量密度

能量密度也称体积比能量，是指电池单位体积所能输出的电能，单位是 W·h/L。

6）充电能量

充电能量是指通过充电机输入蓄电池的电能。

7）放电能量

放电能量是指蓄电池放电时输出的电能。

（5）功率

电池的功率是指电池在一定放电制度下，单位时间内所输出能量的大小。单位为 W 或 kW。电池的功率决定了电动汽车的加速性能和爬坡能力。

功率分为比功率和功率密度。

比功率是指单位质量电池所能输出的功率，也称质量比功率，单位为 W/kg 或 kW/kg。功率密度是指单位体积电池所能输出的功率，也称体积比功率，单位为 W/L 或 kW/L。

（6）输出效率

动力电池作为能量存储器，充电时把电能转化为化学能储存起来，放电时把电能释放出来。在这个可逆的电化学转换过程中有一定的能量损耗。通常用电池的容量效率和能量效率来表示。

容量效率是指电池放电时输出的容量与充电时输入的容量之比；能量效率是指电池放电时输出的能量与充电时输入的能量之比。

（7）自放电率

自放电率是指电池在存放期间容量的下降率，即电池无负荷时自身放电使容量损失的速度。自放电率用单位时间容量降低的百分数表示。

（8）放电倍率

电池放电电流的大小常用"放电倍率"表示,即电池的放电倍率用放电时间表示或以一定的放电电流放完额定容量所需的小时数来表示,由此可见,放电时间越短,即放电倍率越高,则放电电流越大。

放电倍率等于额定容量与放电电流之比。根据放电倍率的大小,可分为低倍率（ $<$ $0.5C$ ）、中倍率（ $0.5 \sim 3.5C$ ）、高倍率（ $3.5 \sim 7.0C$ ）、超高倍率（ $>7.0C$ ）。

（9）使用寿命

使用寿命是指电池在规定条件下的有效寿命期限。电池发生内部短路或损坏而不能使用,以及容量达不到规范要求时电池失效,这时电池的使用寿命终止。电池的使用寿命包括使用期限和使用周期。使用期限是指电池可供使用的时间,包括电池的存放时间。使用周期是指电池可供重复使用的次数。

循环寿命是评价蓄电池使用技术经济性的重要参数。蓄电池经历一次充电和放电,称为一次循环,或者一个周期。循环寿命是指在一定放电制度下,二次电池的容量降至某一规定值之前,电池所能耐受的循环次数 。

蓄电池中,锌银蓄电池的循环寿命最短,一般只有 $30 \sim 100$ 次;铅酸蓄电池的循环寿命为 $300 \sim 500$ 次;锂离子电池的使用周期较长,可充放电 1 000 次以上。

电池失效原因主要有:

①电极活性表面积在充放电过程中不断减小,使工作电流密度上升,极化增大;

②电极上活性物质脱落或转移;

③在电池工作过程中,某些电极材料发生腐蚀;

④在循环过程中电极上生成枝晶,造成电池内部微短路;

⑤隔膜的老化和损耗;

⑥活性物质在充放电过程中发生不可逆晶形改变,因而使活性降低。

2.1.5 电动汽车对动力电池的要求

（1）不一致性

不一致性是动力电池的表现形式之一,不一致性主要是指同一规格型号的单体电池组成电池组后,其电压、荷电量、容量及其衰退率、内阻及其变化率、寿命、温度影响、自放电率等参数存在一定的差别。根据使用中动力电池组不一致性扩大的原因和对动力电池组性能的影响方式,可以把动力电池的不一致性分为容量不一致性、内阻不一致性和电压不一致性。

1)容量不一致性

动力电池组在出厂前的分选试验可以保证单体电池初始容量一致性较好,在使用过程中可以通过电池单体单独充放电来调整单体电池初始容量,使之差异性较小,所以初始容量不一致不是电动汽车电池成组应用的主要矛盾。在动力电池组实际使用过程中,容量不一致主要是动力电池起始容量不一致和放电电流不一致综合影响的结果。

2)内阻不一致性

动力电池内阻不一致使得电池组中每个单体在放电过程中热损失的能量各不相同,最终会影响单体电池的能量状态。

3)电压不一致性

电压不一致的主要影响因素是并联组中动力电池的互充电,当并联组中一节动力电池电压低时,其他电池将给此电池充电。这种连接方式会使低压电池容量在小幅增加的同时高压电池容量急剧降低,能量将损耗在互充电过程中而达不到预期的对外输出。

(2)比能量高

为了提高电动汽车的续驶里程,人们要求电动汽车上的动力电池尽可能储存多的能量,但电动汽车又不能太重,其安装电池的空间也有限,这就要求电池具有较高的比能量。

(3)比功率大

为了能使电动汽车在加速行驶、爬坡能力和负载行驶等方面与燃油汽车相竞争,就要求电池具有较高的比功率。

(4)充放电效率高

电池中能量的循环必须经过充电—放电—充电的循环,高的充放电效率对保证整车效率具有至关重要的作用。

(5)相对稳定性好

电池应当在快速充放电和充放电过程变工况的条件下保持性能的相对稳定,使其在动力系统使用条件下能达到足够的充放电循环次数。

（6）使用成本低

电动汽车主要是靠动力电池提供动力来源，如果动力电池价格高、操作不方便、难维护，电动汽车更换动力电池的费用会相对提高，使用起来就会非常不划算。所以，除了降低电池的初始购买成本外，还要提高电池的使用寿命以延长其更换周期。

（7）安全性好

电池应不会引起自燃或燃烧，在发生碰撞等事故时，不会对乘员造成伤害。

动力电池安全包括本质安全、主动安全与被动安全 3 个方面。本质安全上，要通过设计、制造环节把控，定义好安全边界；主动安全的前提是做好电池系统，通过引入人工智能、大数据、云平台等手段，全面提升电池管理、预警、充电控制及寿命预测与评估的技术水平；被动安全方面，目前众多企业采取加隔热方式来防止热蔓延、模块热蔓延甚至是整个电池包的热蔓延，也有在电池上面加消防接口来防止热蔓延。

2.1.6　动力电池的性能测试

（1）动力电池充放电性能测试

1）动力电池充电性能测试

动力电池充电性能主要是指充电效率、充电最高电压和耐过充能力等。

①充电效率是指电池在充电时充入电池的电能与所消耗的总电能之比，以百分数表示。充电电流的大小、充电方法、充电时的温度直接影响充电效率。充电效率高表示电池接受充电的能力强，一般充电初期充电效率较高，接近 100%，充电后期由于电极极化增加，充电效率下降，电极上伴随有大量的气体析出。

②充电最高电压是指在充电过程中电池所能达到的最高电压。充电电压越低，说明电池在充电过程中的极化就越小，电池的充电效率就越高，电池的使用寿命就有可能更长。

③动力电池应具有良好的耐过充能力，即使电池处于极端充电条件下，也能拥有较为优良的使用性能。

2）动力电池放电性能测试

电池的放电性能受放电时间、电流、环境温度、终止电压等因素的影响，电池的放电方法有恒流放电、恒阻放电、恒压放电、恒压恒流放电、连续放电和间歇放电等，其中恒流放电是最常见的放电方法。

放电电流的大小直接影响电池的放电性能,在标注电池的放电性能时,应标明放电电流的大小。电池的工作电压是衡量电池放电性能的一个重要指标,放电曲线反映了整个放电过程中工作电压的变化过程,是一个变化的值。因此,一般以中点电压来表示工作电压的大小。中点电压是指额定放电时间中点时刻电池的工作电压,主要用来衡量大电流放电系列电池高倍率放电的能力。

动力电池的充放电性能可用电池充放电性能测试仪来测试。

(2)电池容量的测试

电池容量的测试方法与电池放电性能的测试方法基本相同,有恒流放电、恒阻放电、恒压放电、恒压恒流放电、连续放电和间歇放电等。根据放电的时间和电流的大小可以计算电池的容量。对于恒流放电,电池容量等于放电电流和放电时间的乘积。恒流放电的电池容量不仅与放电电流有很大关系,而且与放电温度、充电制度、搁置时间等也有关系。

电池容量可以用专用的电池容量检测仪测试。

(3)电池循环寿命的测试

电池循环寿命是衡量电池性能的一个重要参数。在一定的充放电制度下,电池容量降至某一规定值之前,电池所能承受的循环次数,称为电池的循环寿命。影响电池循环寿命的因素有电极材料、电解液、隔膜、制造工艺、充放电制度、环境温度等,在进行寿命测试时,要严格控制测试条件。

通常是在一定的充放电条件下进行循环,然后检测电池容量的衰减,当电池容量小于额定容量的80%(不同的电池有不同的规定,锂离子电池是80%)终止实验,此时的循环次数就是电池的循环寿命。

对于不同类型的电池,循环寿命的测试规定是不同的,具体可参考相应国家标准或国际电工委员会(International Electrotechnical Commission, IEC)制订的标准。电池的寿命可以用专用的电池循环寿命检测设备来测试。

(4)电池内阻、内压的测试

电池内阻是指电池在工作时,电流流过电池内部所受到的阻力,一般分为交流内阻和直流内阻,由于充电电池的内阻很小,测直流内阻时由于电极容易极化,产生极化内阻,故无法测出其真实值;而测其交流内阻可免除极化内阻的影响,得出真实的内阻值。交流内阻测试方法是利用电池等效于一个有源电阻的特点,给电池一个 1 000 Hz、50 mA 的恒定电流,对其电压采样整流滤波等一系列处理从而精确地测量其阻值,可用专门的内阻仪来测试。

电池内压是由于充放电过程中产生的气体所形成的压力,主要受电池材料、制造工艺、结构、使用方法等因素影响。一般电池内压均维持在正常水平,在过充电或过放电情况下,电池内压有可能会升高。

（5）高低温环境下电池性能的测试

电动汽车动力电池可能会在不同的环境温度下使用,高温或低温对电池的充电或放电性能都有影响,应分别对各温度下的电池充放电性能进行测试。

在《电动汽车用锂离子蓄电池》（QC/T 743—2006）中规定,要对电池在 - 20 ℃的低温、20 ℃常温和 55 ℃的高温进行放电性能的测试。要求按规定的方法测试,在 - 20 ℃时,其容量应不低于额定值的 70%;在 55 ℃时,其容量应不低于额定值的 95%;在 20 ℃高倍率放电时,对于能量型电池,其容量应不低于额定值的 90%;对于功率型电池,其容量应不低于额定值的 80%。

高低温测试所需的仪器和充放电性能测试基本是一致的,只是在恒温箱中测定不同温度下的电池性能。

（6）自放电及储存性能的测试

自放电又称荷电保持能力,它是指在开路状态下,电池储存的电量在一定环境条件下的保持能力。一般而言,自放电主要受制造工艺、材料、储存条件的影响。自放电是衡量电池性能的主要参数之一。一般而言,电池储存温度越低,自放电率也越低,但也应注意温度过低或过高均有可能造成电池损坏而无法使用。电池充满电开路搁置一段时间后,一定程度的自放电属于正常现象。

（7）电池安全性能测试

电池的安全性测试项目非常多,不同类型电池的安全性能测试项目也不同,可根据相关标准选择测试。

2.2　动力电池的充电方法及充电设施

2.2.1　动力电池的充电方法

　　蓄电池放电后,用直流电按与放电电流相反的方向通过蓄电池,使它恢复工作能力,这个过程称为蓄电池充电。蓄电池充电时,电池正极与电源正极相联,电池负极与电源负极相联,充电电源电压必须高于电池的总电动势。20世纪60年代中期,美国科学家马斯 Joseph Mas 对开口蓄电池的充电过程做了大量的试验研究,并提出了以最低出气率为前提的,蓄电池可接受的充电曲线。实验表明,如果充电电流按这条曲线变化,就可以大大缩短充电时间,并且对电池的容量和寿命也没有影响。原则上把这条曲线称为最佳充电曲线。图2.9所示为动力电池充电曲线。

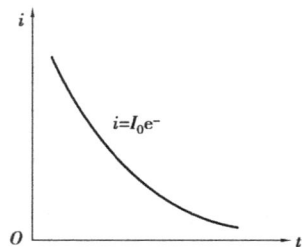

图 2.9　动力电池充电曲线

　　电池充电应该完成的功能:

　　①在恢复电池容量的前提下,充电时间越短越好;

　　②修复由深放电、极化等导致的电池性能破坏;

　　③对电池补充充电,克服电池自放电引起的不良影响。

　　(1)恒电流充电

　　恒电流充电是用调整充电装置输出电压或改变与蓄电池串联电阻的方式,保持充电电流强度不变的充电方法。控制方法简单,但由于电池的可接受电流能力是随着充电过程的进行而逐渐下降的,到充电后期,充电电流多用于电解水,产生气体,使出气过甚。因此,常选用阶段充电法。图2.10所示为恒电流充电的充电电压、电流时间曲线。

　　(2)恒电压充电

　　恒电压充电是指充电电源的电压在全部充电时间里保持恒定的数值,随着蓄电池端电压的逐渐升高,电流逐渐减少。与恒流充电法相比,其充电过程更接近于最佳充电曲线。用恒电压快速充电,由于充电初期蓄电池电动势较低,充电电流很大,随着充电的进行,电流将逐渐减少,因此,只需简易控制系统来监控充电过程。

这种充电方法电解水很少,避免了蓄电池过充。但在充电初期电流过大,对蓄电池寿命造成了很大影响,且容易使蓄电池极板弯曲,造成电池报废。鉴于这种缺点,恒电压充电很少使用,只有在充电电源电压低而电流大时采用。例如,汽车运行过程中,蓄电池就是以恒压充电法充电的。图 2.11 所示为恒电压充电的充电电压、电流时间曲线。

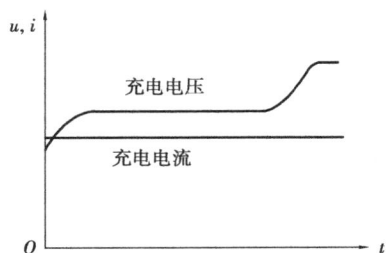

图 2.10　恒电流充电

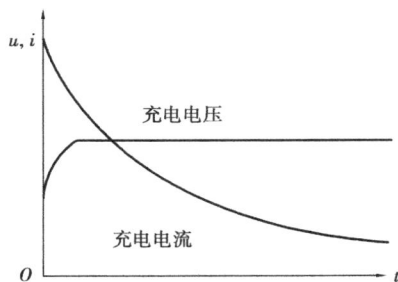

图 2.11　恒电压充电

（3）阶段充电法

阶段充电法包括二阶段充电法和三阶段充电法。

二阶段充电法是采用恒电流和恒电压相结合的快速充电方法。首先,以恒电流充电至预定的电压值;然后改为恒电压完成剩余的充电。一般两阶段之间的转换电压就是第二阶段的恒电压。

三阶段充电法即在充电开始和结束时采用恒电流充电,中间用恒电压充电。当电流衰减到预定值时,由第二阶段转换到第三阶段。这种方法可以将出气量减到最少,但作为一种快速充电方法使用,受到一定的限制。

（4）快速充电法

快速充电法包括脉冲式充电法、ReflexTM 充电法、变电流间歇充电法、变电压间歇充电法和变电压变电流波浪式间歇正负零脉冲快速充电法。

①脉冲式充电法,这种充电法不仅遵循蓄电池固有的充电接受率,而且能够提高蓄电池的充电接受率,从而打破了蓄电池指数充电接受曲线的限制,这也是蓄电池充电理论的新发展。脉冲充电方式首先是用脉冲电流对电池充电,然后让电池停充一段时间,如此循环。充电脉冲使蓄电池充满电量,而间歇期使蓄电池经化学反应产生的氧气和氢气有时间重新化合而被吸收,使浓差极化和欧姆极化自然而然地得到消除,从而减轻了蓄电池的内压,使下一轮的恒流充电能够更加顺利地进行,从而使蓄电池可以吸收更多的电量。间歇脉冲使蓄电池有

较充分的反应时间,减少了析气量,提高了蓄电池的充电电流接受率。图2.12所示为脉冲式充电法电流时间曲线。

②ReflexTM快速充电法是美国的一项专利技术,主要面对的充电对象是镍镉电池。其采用的新型充电方法解决了镍镉电池的记忆效应。因此大大降低了蓄电池的快速充电的时间。铅酸蓄电池的充电方法和对充电状态的检测方法与镍镉电池有很大的不同,但它们之间可以相互借ReflexTM充电法的一个工作周期包括正向充电脉冲、反向瞬间放电脉冲、停充维持3个阶段。图2.13所示为ReflexTM快速充电法电流时间曲线。

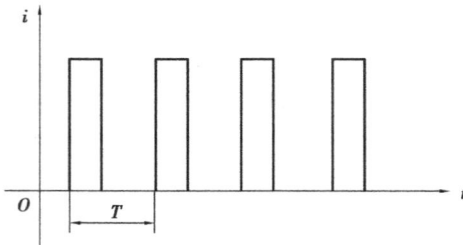

图2.12　脉冲式充电法

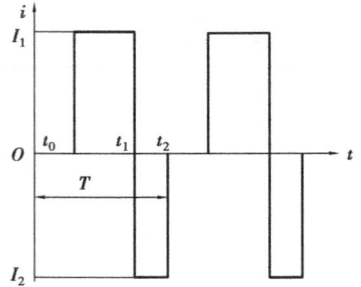

图2.13　ReflexTM快速充电法

③变电流间歇充电法建立在恒流充电和脉冲充电的基础上,如图2.14所示。其特点是将恒流充电段改为限压变电流间歇充电段。充电前期的各段采用变电流间歇充电的方法,保证加大充电电流,以获得绝大部分充电量。充电后期采用定电压充电段,获得过充电量,将电池恢复至完全充电态。通过间歇停充,使蓄电池经化学反应产生的氧气和氢气有时间重新化合而被吸收,使浓差极化和欧姆极化自然而然地得到消除,从而减轻蓄电池的内压,使下一轮的恒流充电能够更加顺利地进行,使蓄电池可以吸收更多的电量。图2.14所示为变电流间歇充电法电压、电流时间曲线。

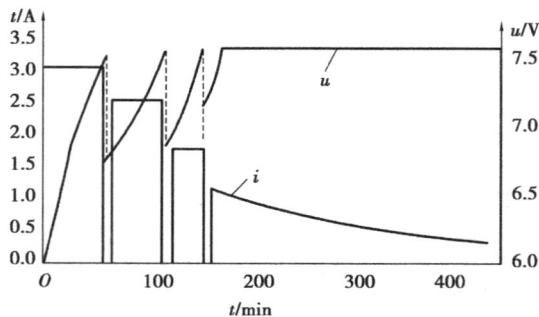

图2.14　变电流间歇充电法

④变电压间歇充电法,在变电流间歇充电法的基础上又有人提出了变电压间歇充电法。与变电流间歇充电方法不同之处在于第一阶段不是间歇恒流,而是间歇恒压。在每个恒电压

充电阶段,由于是恒压充电,充电电流自然按照指数规律下降,符合电池电流可接受率随着充电的进行逐渐下降的特点。图 2.15 所示为变电压间歇充电法电压、电流时间曲线。

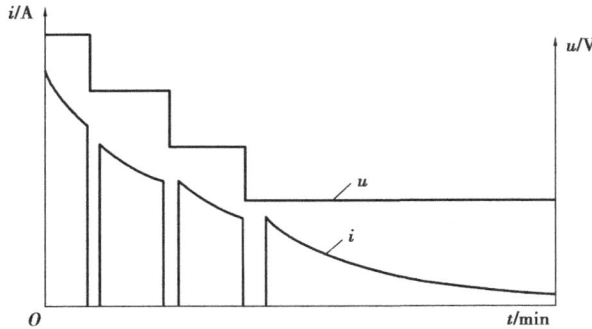

图 2.15　变电压间歇充电法

⑤变电压变电流波浪式间歇正负零脉冲快速充电法综合了脉冲充电法、ReflexTM 快速充电法、变电流间歇充电法及变电压间歇充电法的优点。脉冲充电法充电电路的控制一般有两种:

a. 脉冲电流的幅值可变;

b. 脉冲电流的幅值固定不变。

脉冲电流的幅值和 PWM 信号的频率均固定,PWM 占空比可调,在此基础上加入间歇停充阶段,能够在较短的时间内充进更多的电量,从而提高蓄电池的充电接受能力。图 2.16 所示为变电压变电流波浪式间歇正负零电压、电流时间曲线。

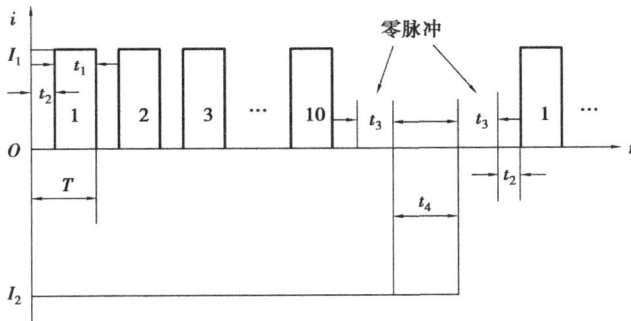

图 2.16　变电压变电流波浪式间歇正负零电压、电流时间曲线

2.2.2　动力电池充电基础设施

(1)充电桩

充电桩是常见的动力电池充电基础设施之一,其功能类似于加油站里的加油机,可以固

定在地面或墙壁上,安装于公共建筑(公共楼宇、商场、公共停车场等)和居民小区停车场或充电站内,根据不同的电压等级为各种型号的电动汽车充电。充电桩的输入端与交流电网直接连接,输出端装有充电插头用于电动汽车充电。充电桩一般提供常规充电和快速充电两种充电方式,人们可以使用特定的充电卡在充电桩提供的人机交互操作界面上刷卡使用,选择相应的充电方式、充电时间、费用数据打印等操作,充电桩显示屏能显示充电量、费用、充电时间等数据。

充电桩按不同的方式可分为不同的种类,具体如下所述。

1)按安装方式

按安装方式可分为落地式充电桩、挂壁式充电桩。落地式充电桩适合安装在不靠近墙体的停车位;挂壁式充电桩适合安装在靠近墙体的停车位。

2)按安装地点

按安装地点可分为公共充电桩、专用充电桩和自用充电桩。公共充电桩是建设在公共停车场(库)结合停车泊位,为社会车辆提供公共充电服务的充电桩。专用充电桩是建设在单位(企业)自有停车场(库),为单位(企业)内部人员使用的充电桩。自用充电桩是建设在个人自有车位(库),为私人用户提供充电的充电桩。充电桩一般结合停车场(库)的停车位建设。

3)按充电方式

按充电方式可分为直流充电桩、交流充电桩和交直流一体充电桩。图 2.17 所示为落地式直流充电桩,图 2.18 所示为落地式交流充电桩。

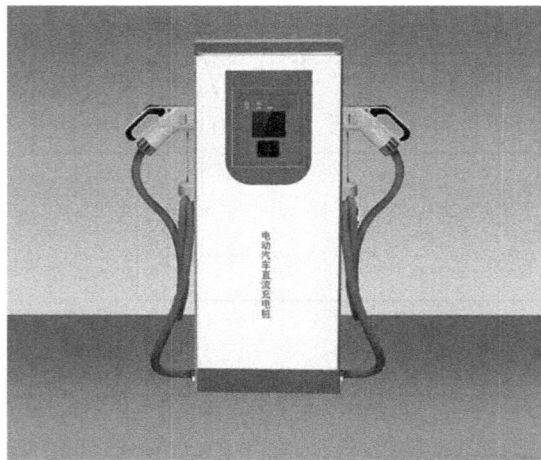

图 2.17　落地式直流充电桩

(2)充电机

充电机采用高频电源技术,运用先进的智能动态调整充电技术,以微处理器(CPU 芯片)

作为处理控制中心,并将繁杂的硬件模拟电路烧录于微处理器中,以软件程序的方式来控制 UPS 的运行。充电机采用恒流、恒压、小恒流智能 3 个阶段充电方式,具有充电效率高,操作简单,质量轻,体积小等特点;并具有反接、过载、短路、过热等多重保护功能及延时启动,软启动、断电记忆自启动功能等;还具有科学的充电电量控制技术。全自动充电机能在蓄电池充足后自动关机,不过充、不欠充,从而延长蓄电池使用寿命。所以,全自动充电机适用于镍铬、镍氢、铅酸、锂离子电池等电池类型。图 2.19 所示为 CZC7 型自动充电机。

图 2.18　落地式交流充电桩

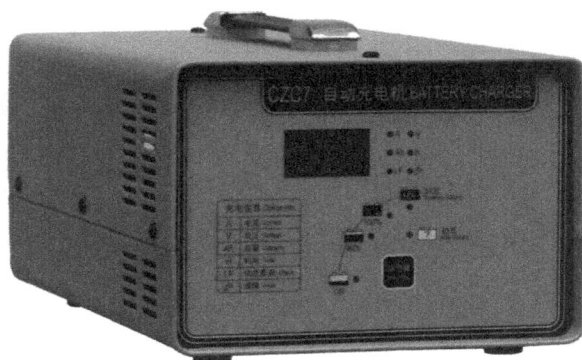

图 2.19　CZC7 型自动充电机

充电机从用途上可以分为叉车充电机、电动车充电机、智能充电机、浮充充电机和可调充电机。

充电机使用注意事项：

①电池极性不能接反，否则会损坏智能充电机和电池。智能充电机应安装在通风良好、干燥、无严重粉尘、无腐蚀性气体、无强电磁场干扰的专用场所。机壳应可靠接地（箱体后下部有接地螺栓）。

②智能充电机适用于室内外，非车载使用，机内严禁进水。

③智能充电机输入电源为两相 380 V ± 5%，50 Hz。

④输出线应视距离远近，选用适合的电缆，线路总压降不大于 5%。

⑤智能充电机适用于环境温度为 −10 ~ 50 ℃，海拔高度小于 1 000 m，机器使用时距周边影响其通风散热的墙体等障碍物的距离应大于 0.6 m，要定期检查风机是否运转正常。

⑥充电时候先插上蓄电池插头后再接通电源，充电完成后先切断电源后拔开蓄电池插头。

（3）充电站

电动汽车充电站是一种高效率的充电器，可以快速地给电动车充电。它可以像汽车加油站一样，设置在沿街商店、街道社区、报刊亭旁、存车棚等处。充电站可首先对电池激活，然后进行维护式快速充电，具有定时、充满报警、电脑快充、密码控制、自识别电压、多重保护、四路输出等功能，配套万能输出接口，可对所有电动车进行快速充电。图 2.20 所示为国家电网电动汽车充电站。

图 2.20　国家电网电动汽车充电站

1）充电站基本结构

充电站基本结构包括初级一次侧充电机、储能蓄电池、次级二次侧快速充电机、再生蓄电池检修机、计费控制系统、线缆配电系、机房。其中机房采用密封和恒温设计，机房内设有值班办公间。

2）充电站工作原理

平时电网电力通过初级一次侧充电机向再生蓄电池进行储能充电,由于储能充电时没有时间要求,因而可用小电流慢速充电,充电电流可根据蓄电池电量自动安排充电时间,最大限度地使用夜间低谷电力。当需要为电动汽车充电时,根据电动汽车的允许最大充电电流和电压,通过次级二次侧快速充电机向电动汽车进行快速充电,由于充电过程是从储能蓄电池向电动汽车"倒电",而不是直接取自电网,因而对电网没有任何干扰(如果直接从电网高功率取电,会严重干扰电网,不仅影响其他用户,而且还会威胁电网设备)。充电费用按实际充电量计算,非常方便。

第 **3** 章
锂离子电池

3.1 锂离子电池的构成、分类及工作原理

锂离子电池是 20 世纪开发成功的新型高能电池,70 年代进入实用化。这种电池的负极是石墨等材料,正极用磷酸铁锂、钴酸锂、钛酸锂等。因其具有能量高、电压高、工作温度范围宽、储存寿命长等优点,已广泛应用于军事和民用小型电器中。随着电动汽车的发展和普及,锂离子电池在电动汽车领域将会发挥更重要的作用。

3.1.1 锂离子电池的构成

典型的锂离子电池由两个电极(负极和正极)和浸泡在有机电解液中的隔膜组成,电极则采用涂敷有金属箔(集流体,铜或铝)的复合材料,整个电池密封隔绝空气。复合电极通常由作为锂离子嵌入化合物的活性物质、优化电子导电性的导电剂以及将这些物质黏合在一起的黏合剂组成。负极通常使用的活性材料为石墨,而正极通常使用含锂的等过渡金属氧化物。

锂离子电池主要由两大块构成:电芯和保护板 PCM(动力电池一般称为电池管理系统,即BMS)。电芯相当于锂离子电池的心脏,管理系统相当于锂离子电池的大脑。电芯主要由正极材料、负极材料、电解液、隔膜和外壳构成,而保护板主要由保护芯片(或管理芯片)、MOS

管、电阻、电容和 PCB 板等构成。图 3.1 所示为锂离子电池的电芯组成。

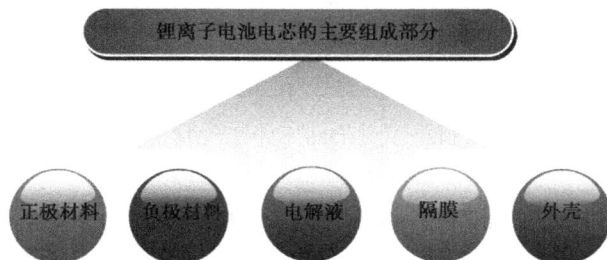

图 3.1　锂离子电池电芯组成

（1）锂离子电池正极材料

正极材料一直是锂离子电池的核心，在锂离子电池化学体系中起着至关重要的作用，是决定锂离子电池性能的关键材料之一。锂离子电池的能量密度、充放电倍率、安全性等一些关键指标主要受制于正极材料，其成本也直接决定电池的成本。正极材料也是目前商业化锂离子电池中主要的锂离子来源，其活性物质一般为锰酸锂、磷酸铁锂、钴酸锂、镍酸锂和镍钴锰酸锂（三元锂）。

每种正极材料都有其理论能量密度，选择了一种正极材料，就选择了电芯能量密度的上限。正极材料的用量设计和加工制作过程中的振实密度也对电芯成品的能量密度产生影响。锂离子电池正极材料要在全电池中发挥最优良的性能，需要在材料组成优化的前提下，进一步优化材料的晶体结构、颗粒结构与形貌、颗粒表面化学、材料堆积密度和压实密度等物理化学性质，同时还需要严防工艺过程引入微量金属杂质。当然，稳定、高质量的大规模生产是材料在电池制造中性能稳定的重要保障。

正极材料通常应满足如下要求：

①比能量高：能量越高，电动车续驶里程越远。

②比功率大：功率越高，电动车加速、爬坡性能越好。

③自放电少：电动车安全性的决定因素。

④价格低廉：价格便宜，使得锂离子电池的成本足够低。

⑤使用寿命长。

⑥安全性好。

⑦对环境的污染小，易于回收利用。

常见的正极材料及其性能比较见表 3.1。

表 3.1 常见锂离子电池正极材料及其性能比较

	磷酸铁锂	锰酸锂		钴酸锂	镍酸锂	镍钴锰酸锂三元锂
材料主成分	LiFePO$_4$	LiMn$_2$O$_4$	LiMnO$_2$	LiCoO$_2$	LiNiO$_2$	LiNiCoMnO$_2$
理论能量密度/(mA·h·g^{-1})	170	148	286	274	274	278
实际能量密度/(mA·h·g^{-1})	130~140	100~120	200	135~140	190~210	155~165
电压/V	3.2~3.7	3.8~3.9	3.4~4.3	3.6	2.5~4.1	3.0~4.5
循环性/次	>2 000	>500	差	>300	差	>800
过渡金属	非常丰富	丰富	丰富	贫乏	丰富	贫乏
环保性	无毒	无毒	无毒	钴有放射性	镍有毒	钴、镍有毒
安全性能	好	良好	良好	差	差	尚好
使用温度/℃	-20~75	>50 快速衰减	高温不稳定	-20~55	N/A	-20~55

未来锂离子电池正极材料的发展方向:

①在动力电池领域,锰酸锂和磷酸铁锂是最有前途的正极材料。二者相对钴酸锂具有更强的价格优势,并具有更佳的热稳定性和安全性。

②在通信电池领域,三元锂和镍酸锂是最有可能成为替代钴酸锂的正极材料。三元锂相对钴酸锂具有更高的安全性和比价优势,而镍酸锂容量更大。

(2)锂离子电池负极材料

负极材料是电池在充电过程中,锂离子和电子的载体,起着能量的储存与释放的作用。在电池成本中,负极材料占了5%~15%,是锂离子电池的重要原材料之一。目前全球锂电池负极材料仍然以天然/人造石墨为主,新型负极材料如中间相炭微球(MCMB)、钛酸锂、硅基负极、HC/SC、金属锂也在快速增长中。图3.2所示为锂离子电池负极材料。

1)锂离子电池对负极材料的要求

①大量 Li$^+$ 能够快速、可逆地嵌入和脱出,以便得到高的容量密度。

②Li$^+$ 嵌入、脱出的可逆性好,主体结构没有或者变化很小。

③在 Li$^+$ 嵌入、脱出过程中,电极电位变化尽量小,这样电池的电压不会发生显著变化,可保持较平稳的充电和放电。

④电极材料具有良好的表面结构,固体电解质中间相(Solid Electrolyte Interface Film,SEI膜)稳定、致密,在形成 SEI 膜后不与电解质等发生反应。

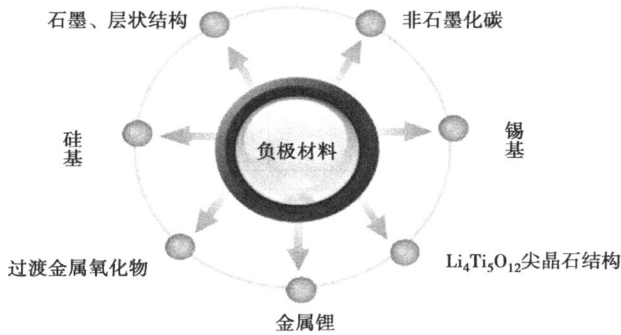

图 3.2　锂离子电池负极材料

⑤Li^+在电极材料中具有较大扩散系数,变化小,便于快速充放电。

⑥锂离子在负极基体中的插入氧化还原电位尽可能低,接近金属锂的电位,从而使电池的输入电压增高。

⑦插入化合物应有较好的电子电导率和离子电导率,这样可以减少极化并能进行大电流充放电。

⑧从实用角度而言,材料应具有较好的经济性以及对环境的友好性。

2)负极材料的分类

锂离子电池负极材料分为碳类负极材料和非碳类负极材料两大类。图 3.3 所示为锂离子电池负极材料分类。

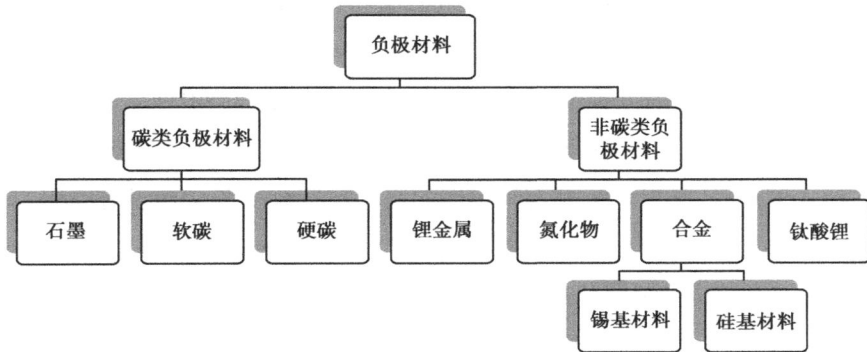

图 3.3　锂离子电池负极材料分类

图 3.4 所示为碳类负极材料分类,碳类负极材料又分为石墨类负极和非石墨类负极。

①石墨类负极材料。石墨是一种非金属矿物质。石墨质软有滑腻感,具有耐高温、耐氧化、抗腐蚀、抗热震、强度大、韧性好、自润滑强度高、导热、导电性能强等特有的物理、化学性能。因而在冶金、机械、电气、化工、纺织、国防等工业部门获得广泛应用,比如石墨模具、石墨电极、石墨耐火材料、石墨润滑材料、石墨密封材料等。

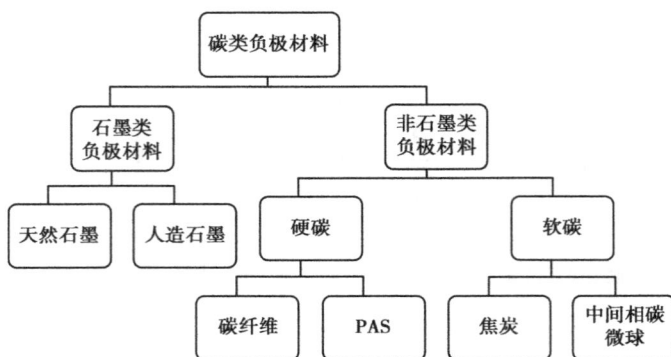

图 3.4　碳类负极材料分类

石墨主要分为天然石墨和人造石墨,天然石墨需经过一些方式的处理,才能作为锂离子电池的负极,比如人们常见的氧化处理、机械研磨处理等。而人造石墨则是从有机物(气态、液态、固态)转变成石墨。

作为负极材料,石墨也有很多不足之处,比如石墨的低电位,与电解质形成界面膜,容易造成析锂;离子迁移速度慢,故充放电倍率较低;层状结构的石墨在锂离子插入和脱嵌的过程中会发生约 10% 的形变,影响电池的循环寿命。

②非石墨类负极材料。非石墨类负极材料主要有硬碳和软碳。软碳也就是易石墨化碳,是指在 2 000 ℃ 以上能够石墨化的无定型碳,结晶度低,晶粒尺寸小,晶面间距较大,与电解液相容性好。但首次充放电不可逆容量高,输出电压较低,由于其性能,一般不直接做负极材料,而作为制造天然石墨的原料,常见的有石油焦、针状焦等。

硬碳也称石墨化碳,是高分子聚合物的热解碳,这类碳在 3 000 ℃ 的高温下也难以石墨化。硬碳有树脂碳(如酚醛树脂、环氧树脂、聚糠醇等)、有机聚合物热解碳(PVA,PVC,PVDF,PAN 等)、碳黑(乙炔黑)等,其有利于锂的嵌入而不会引起结构显著膨胀,具有很好的充放电循环性能。

硬碳容量大于常规碳类材料的理论容量,循环性能、安全性能优,高倍率,但是首效低,约为 85% ,电压平台 3.6 V 低于石墨的 3.7 V,成本高。改进思路主要为提高首效(降低比表面积,形成更规则的硬碳;表面包覆,控制 SEI 形成);提高材料收率,降低成本。

③硅基负极材料。硅作为目前发现的理论克容量最高的负极材料,应用前景相当广阔,成功地应用将会对电池的能量密度有一个数量级的提升。硅的理论容量高达 4 200 mA·h/g,超过石墨的 372 mA·h/g 的 10 倍以上,充一次电实现续驶 1 000 km 将有可能。

硅的电压平台比石墨高了一点,这样的好处就是充电时析锂的可能性不大。在安全性能上,较石墨有很大的优势。从硅的来源看,硅是地壳中丰度较高的元素之一,来源广泛,价格便宜。

硅的充放电机理和石墨的充放电机理有所不同,石墨是锂的嵌入和脱嵌,硅则是合金化反应。硅的最大缺陷就是体积易膨胀。在充放电过程中,硅的脱嵌锂反应将伴随大的体积变化(>300%),造成材料结构的破坏和机械粉化,导致电极材料间及电极材料与集流体的分离,进而失去电接触,致使电池容量迅速衰减,循环性能恶化。由于剧烈的体积效应,硅表面的 SEI 膜处于破坏-重构的动态过程中,会造成持续的锂离子消耗,进一步影响循环性能。正是因为 300% 的体积膨胀,限制了其现阶段的商业化应用。现在研究的解决硅充放电膨胀的方法有纳米硅、多孔硅、硅基复合材料。利用复合材料各组分之间的协同效应,可达到优势互补的目的,其中硅、碳复合材料就是一个重要的研究方向,包括包覆型、嵌入型和分散型。

④锂金属负极材料。锂是密度最小的金属之一,标准电极电位 -3.04 V,理论比容量为 3 860 mA·h/g,仅次于硅的理论比容量 4 200 mA·h/g。应用领域有锂硫电池(2 600 W·h/kg)、锂空气电池(11 680 W·h/kg)等。

锂金属电池有着很高的容量表现,但在使用中,由于存在锂枝晶、负极沉淀、负极副反应现象,严重影响电池的安全,故而现处于概念性阶段。硫也是自然界存在非常广泛的元素,锂硫电池因其具有较高的能量密度(2 600 W·h/kg),有可能作为下一代锂电池研发的重心。

⑤钛酸锂负极材料。钛酸锂具有尖晶石结构,电位平台 1.5 V,三维离子扩散通道,晶格稳定,理论容量为176 mA·h/g。该材料具有高安全、高倍率、长寿命的特点。高安全是指钛酸锂负极材料使用过程中不析锂,耐过充、过放,高温和低温性能优异;高倍率是指钛酸锂负极材料相对于石墨具有更高的离子扩散系数,25 ℃时锂离子在钛酸锂中的扩散系数比石墨高出一个数量级;长寿命是指钛酸锂负极材料晶格稳定、结构稳定、零应变,充放电过程中体积变化微乎其微,不形成 SEI 膜,没有 SEI 膜破损造成的负面影响。

3)锂离子电池负极材料的发展趋势

①锂离子电池负极材料未来将向着高容量、高能量密度、高倍率性能、高循环性能等方面发展。

②现阶段锂离子动力电池负极材料基本上都是石墨类碳负极材料,对石墨类碳负极材料进行表面包覆改性,增加其与电解液的相容性,减少不可逆容量,增加倍率性能,也是当下提升锂离子电池负极材料的一个重点。

③对负极材料钛酸锂进行掺杂,提高电子、离子传导率是现阶段一个重要的改进方向。

④硬碳、软碳、合金等负极材料,虽然有较高的容量,但是循环稳定性问题还在困扰着我们,对其的改性研究仍在探索改善中,由于市场对高能量密度电芯的需求加速,可能会促进该类材料的研发和应用。

⑤锂金属负极虽然具有很高的能量密度,但是其固有存在的锂枝晶等安全问题尚无行之有效的解决办法,其大规模的实际应用尚需时日。

（3）锂离子电池电解液

电解液是锂离子电池的四大主要组成部分之一,是实现锂离子在正负极迁移的媒介,对锂电容量、工作温度、循环效率以及安全性都有重要影响。通常电解液占电池质量和体积的比重分别为15%、32%,其对纯度及杂质的含量要求非常高,生产过程中需要高纯的原料以及必要的提纯工艺。

1）电解液的构成

锂离子电池电解液主要由有机溶剂、锂盐和添加剂3类物质组成。

①有机溶剂:环状碳酸酯(PC、EC)、链状碳酸酯(DEC、DMC、EMC)、羧酸酯类(MF、MA、EA、MA、MP等)。

②锂盐:$LiPF_6$、$LiBF_4$、LiBOB、LiDFOB等。

③添加剂:成膜添加剂、导电添加剂、阻燃添加剂、过充保护添加剂、改善低温性能的添加剂、多功能添加剂。

图3.5所示为电解液的构成。

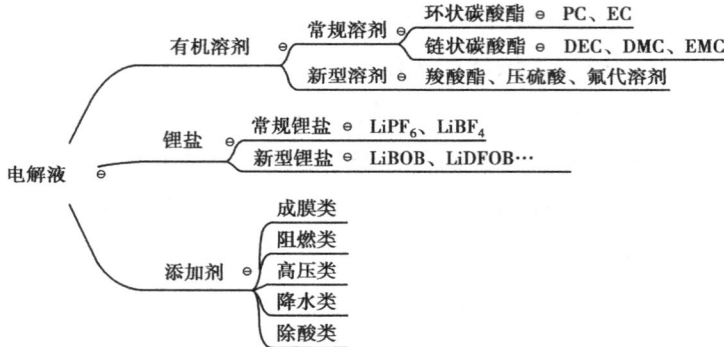

图3.5　电解液的构成

2）有机溶剂

常见的可用于锂电池电解液的有机溶剂主要分为碳酸酯类溶剂和有机醚类溶剂。为了获得性能较好的锂离子电池电解液,通常使用含有两种或两种以上有机溶剂的混合溶剂,使其能够取长补短,得到较好的综合性能。图3.6所示为有机溶剂分类。

有机溶剂需要具有的性质:

①介电常数高,对锂盐的溶解能力强。

②熔点低,沸点高,在较宽的温度范围内保持液态。

③黏度小,便于锂离子的传输。

④化学稳定性好,不破坏正负极结构或溶解正负极材料。

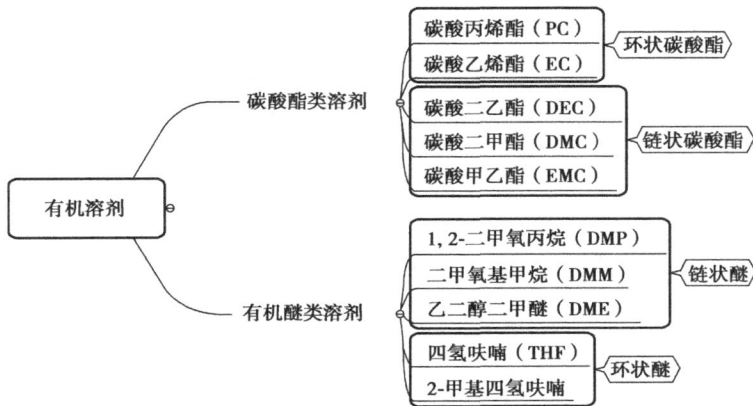

图3.6　有机溶剂分类

⑤闪电高,安全性好,成本低,无毒无污染。

3)锂盐

锂盐分为常规锂盐和新型锂离盐两种。

锂盐需要具有的性质:

①有较小的缔合度,易溶解于有机溶剂,保证电解液高离子电导率。

②阴离子有抗氧化性及抗还原性,还原产物利于形成稳定低阻抗 SEI 膜。

③化学稳定性好,不与电极材料、电解液、隔膜等发生有害副反应。

④制备工艺简单,成本低,无毒无污染。

不同种类的锂盐介绍:

①$LiPF_6$:应用最广的锂盐,它的单一性质并不是最突出,但在碳酸酯混合溶剂电解液中具有相对较优的综合性能。

$LiPF_6$ 有以下突出优点:

a. 在非水溶剂中具有合适的溶解度和较高的离子电导率。

b. 能在 Al 箔集流体表面形成一层稳定的钝化膜。

c. 协同碳酸酯溶剂在石墨电极表面生成一层稳定的 SEI 膜。但是 $LiPF_6$ 热稳定性较差,易发生分解反应,副反应产物会破坏电极表面的 SEI 膜,溶解正极活性组分,导致循环容量衰减。

②$LiBF_4$:是常用锂盐添加剂。与 $LiPF_6$ 相比 $LiBF_4$ 的工作温度区间更宽,高温下稳定性更好且低温性能也较优。

③LiBOB:具有较高的电导率、较宽的电化学窗口和良好的热稳定性。其最大优点在于成膜性能,可直接参与 SEI 膜的形成。

④LiDFOB:结构上 LiDFOB 是由 LiBOB 和 LiBF₄ 各自半分子构成,综合了 LiBOB 成膜性好和 LiBF₄ 低温性能好的优点。与 LiBOB 相比,LiDFOB 在链状碳酸酯溶剂中具有更高的溶解度,且电解液电导率也更高。其高温和低温性能都好于 $LiPF_6$ 且与电池正极有很好的相容性,能在 Al 箔表面形成一层钝化膜并抑制电解液氧化。

4)添加剂

添加剂用量少、效果显著,是一种经济实用的改善锂离子电池相关性能的方法。通过在锂离子电池的电解液中添加较少剂量的添加剂,就能有针对性地提高电池的某些性能,例如可逆容量、电极/电解液相容性、循环性能、倍率性能和安全性能等,在锂离子电池中起着非常关键的作用。

①电解液添加剂应具备的特点。

a.在有机溶剂中溶解度较高。

b.少量添加就能使一种或几种性能得到较大的改善。

c.不与电池其他组成成分发生有害副反应而影响电池性能。

d.成本低廉,无毒或低毒性。

②添加剂的功能分类。

a.导电添加剂:通过与电解质离子进行配位反应,促进锂盐溶解,提高电解液电导率,从而改善锂离子电池倍率性能。由于导电添加剂是通过配位反应作用的,故又称为配体添加剂,根据作用离子不同可分为阴离子配体、阳离子配体及中性配体。

b.过充保护添加剂:提供过充保护或增强过充忍耐力的添加剂。过充保护添加剂按照功能分为氧化还原对添加剂和聚合单体添加剂两种。目前氧化还原对添加剂主要是苯甲醚系列,其氧化还原电位较高,且溶解度很好。聚合单体添加剂在高电压下会发生聚合反应,释放气体,同时聚合物会覆盖于正极材料表面中断充电。聚合单体添加剂主要包括二甲苯、苯基环己烷等芳香族化合物。

c.阻燃添加剂:作用是提高电解液的着火点或终止燃烧的自由基链式反应阻止燃烧。添加阻燃剂是降低电解液易燃性,增大锂电池使用温度范围,提高其性能的重要途径之一。阻燃添加剂的作用机理主要有两种:一是通过在气相和凝聚相之间产生隔绝层,阻止凝聚相和气相的燃烧;二是捕捉燃烧反应过程中的自由基,终止燃烧的自由基链式反应,阻止气相间的燃烧反应。

d.SEI 成膜添加剂:作用是促进在电极材料表面形成稳定有效的 SEI 膜。SEI 膜的性能极大地影响了锂离子电池的首次不可逆容量损失、倍率性能、循环寿命等电化学性质。理想 SEI 膜对电子绝缘的同时允许锂离子自由进出电极,能阻止电极材料与电解液进一步反应且结构稳定,不溶于有机溶剂。

③添加剂的发展趋势。电解液未来的主要发展方向是开发匹配高电压正极的电解液,兼顾高容量硅碳负极,避免硅负极在循环过程中体积膨胀带来的 SEI 膜反复破裂、再生导致的电解液过量消耗等问题。添加剂是电解液的价值核心,其对电解液的浸润性、阻燃性、成膜性等均有显著的影响,也是高性能电解液开发的关键。

(4)锂离子电池的隔膜

在锂离子电池的结构中,隔膜是关键的内层组件之一,是一种经特殊成型的高分子薄膜,薄膜有微孔结构,可以让锂离子自由通过,而电子不能通过。隔膜的离子传导能力直接关系电池的整体性能,其隔离正负极的作用可使电池在过度充电或者温度升高的情况下限制电流的升高,防止电池短路引起爆炸,具有微孔自闭保护作用,对电池使用者和设备起到安全保护的作用。隔膜的性能决定了电池的界面结构、内阻等,直接影响电池的容量、循环以及安全性能等,性能优异的隔膜对提高电池的综合性能具有重要作用。

隔膜材质是不导电的,其物理、化学性质对电池的性能有很大的影响。电池的种类不同,采用的隔膜也不同。对于锂离子电池,由于电解液为有机溶剂,因而需要有耐有机溶剂的隔膜材料,一般采用高强度薄膜化的聚烯烃多孔膜。图 3.7 所示为锂离子电池隔膜的构成。

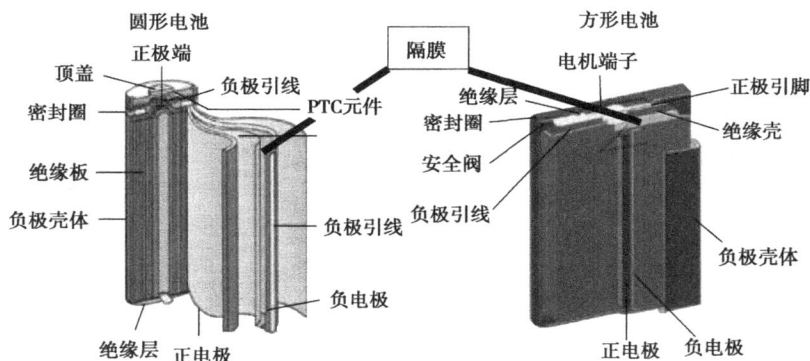

图 3.7　锂电池隔膜的构成

1)锂离子电池隔膜的主要作用

①隔离正、负极,并使电池内部的电子不能自由穿过。

②能够让电解质液中的离子在正负极间自由通过。

2)锂离子电池隔膜的要求

①具有电子绝缘性,保证正负极的机械隔离。

②有一定的孔径和孔隙率,保证低电阻和高离子电导率,对锂离子有很好的透过性。

③由于电解质的溶剂为强极性的有机化合物,隔膜必须耐电解液腐蚀,有足够的化学和电化学稳定性。

④对电解液的浸润性好并具有足够的吸液保湿能力。

⑤具有足够的力学性能,包括穿刺强度、拉伸强度等,但厚度尽可能小。

⑥空间稳定性和平整性好。

⑦热稳定性和自动关断保护性能好。动力电池对隔膜的要求更高,通常采用复合膜。

3)锂离子电池隔膜的性能

①在电池体系内,其化学稳定性要好,所用材料能耐有机溶剂。

②机械强度大,使用寿命长。

③有机电解液的离子电导率比水溶液低,为减少电阻,电极面积必须尽可能大,因此隔膜必须很薄。

④当电池体系发生异常时,温度升高,为防止产生危险,在快速产热温度(120~140 ℃)开始时,热塑性隔膜发生熔融,微孔关闭,变为绝缘体,防止电解质通过,从而达到阻断电流的目的。

⑤从锂离子电池的角度而言,要能被有机电解液充分浸渍,而且在反复充放电过程中能保持高度浸渍。

4)锂离子电池隔膜材料分类

①多孔聚合物薄膜(如聚丙烯 PP、聚乙烯 PE、PP/PE/PP 膜)。

②无纺布(玻璃纤维无纺布、合成纤维无纺布、陶瓷纤维纸等)。

③高空隙纳米纤维膜。

④Separion 隔膜。

⑤聚合物电解质。

图 3.8 所示为锂离子电池隔膜材料。

图 3.8　锂离子电池隔膜材料

5）隔膜制备方法

隔膜制备方法分为干法和湿法两类：

①干法是将聚烯烃树脂熔融、挤压、吹膜制成结晶性聚合物薄膜，经过结晶化处理、退火后，得到高度取向的多层结构，在高温下进一步拉伸，将结晶界面进行剥离，形成多孔结构，可以增加薄膜的孔径。干法有单向拉伸和双向拉伸两种方式。

②湿法又称相分离法或热致相分离法，将液态烃或一些小分子物质与聚烯烃树脂混合，加热熔融后，形成均匀的混合物，然后降温进行相分离，压制得到膜片，再将膜片加热至接近熔点温度，进行双向拉伸使分子链取向，最后保温一定时间，用易挥发物质洗脱残留的溶剂，可制备出相互贯通的微孔膜材料。

相比之下，湿法隔膜的机械性能更好，膜层厚度可以做得更薄，其生产线的自动化程度更高，可以连续生产，并且具有更高的生产率。在动力锂离子电池领域，湿法隔膜在性能和安全程度方面有着超越干法的显著优势，有利于提高动力电池的能量密度，更能够适应当前新能源车动力电池逐渐向高能量密度化发展的趋势，符合锂离子电发展的技术路线。

（5）锂离子电池外壳

锂离子电池的外壳主要有钢壳、铝壳、镀镍铁壳（圆柱电池使用）、铝塑膜（软包装）等。

方形锂离子电池早期大多为钢壳，由于钢壳质量能量比低且安全性差，逐步被铝壳和软包装锂离子电池所替代。铝壳设计有方角和圆角两种，材质一般为铝锰合金，它含的主要合金成分为 Mn、Cu、Mg、Si、Fe 等，这 5 种合金在锂离子电池铝壳中发挥着不同的作用，如 Cu 和 Mg 的作用是提高强度与硬度，Mn 的作用是提高耐腐蚀性，Si 可以增强含镁铝合金的热处理效果，Fe 可以提高耐高温强度。

铝壳合金材料构造有着显著的安全性能考虑，这种安全性能可以用材质厚度与鼓胀系数来表示。同样容量的锂离子电池之所以比钢壳的轻，其原因是铝壳可以做得更薄。从锂离子电池的工作机理来看，充电时，锂离子脱嵌，正极体积膨胀；放电时，锂离子从正极嵌入，负极膨胀；都会造成实体膨胀，通过适当的合金配方可以降低鼓胀系数。

在柱式锂离子电池领域，大部分厂商都以钢材作为电池外壳材质，因为钢质材料的物理稳定性、抗压性远远高于铝壳材质，在各个厂家的设计结构优化后，安全装置已经放置在电池芯内部，钢壳柱式电池的安全性已经达到了一个新的高度。

3.1.2　锂离子电池的特点

（1）电压高

锂离子电池的电压是镍镉电池、镍氢电池的 3 倍，是铅酸电池的近 2 倍，这也是锂离子电池比能量高的一个重要原因。组成相同电压的动力电池组时，锂离子电池使用的串联数目会大大少于铅酸电池和镍氢电池。

（2）质量轻、体积小

锂离子电池质量是相同能量铅酸电池的 1/4 ~ 1/3，体积是 1/3 ~ 1/2。

（3）寿命长

锂离子电池循环次数可达 1 000 ~ 3 000 次。以容量保持 70% 计，电池组 100% 充放电循环次数可以达到 200 次以上，使用年限可达 5 ~ 8 年，寿命为铅酸电池的 2 ~ 3 倍。随着技术的进步，设备的更新，锂离子电池的寿命会越来越长，其性价比也会越来越高。

（4）自放电率低

自放电率每月不到 5%。

（5）范围宽、低温性能好

锂离子电池可在 −40 ~ +55 ℃ 工作，而水溶液电池（铅酸电池、镍氢电池）在低温时，由于电解液流动性变差会导致性能大大降低。

（6）无记忆

每次充电前不必像镍镉电池、镍氢电池一样需要放电，可以随时随地进行充电。电池充放电深度对电池的寿命影响不大，可以全充全放。

（7）无污染

铅酸电池和镉镍电池存在有害物质铅和镉，而锂离子电池中不存在有毒物质，因此被称为"绿色电池"。

（8）价格高

相同电压和相同容量的锂离子动力电池价格是铅酸电池的 3 ~ 4 倍,主要原因是锂离子电池正极材料的价格高。

（9）安全隐患

锂离子动力电池能量高,材料稳定性差,在使用过程中可能会出现发热、燃烧现象,比较容易出现安全问题。因此锂离子电池必须有特殊的保护电路,以防过充。

（10）电池的关键参数

锂离子电池由于其本身特性决定不能过充、不能过放、不能过流、不能过温,因此必须考虑安全性和电池寿命问题,并且做好相关保护。有几个参数是经常用到的,一并列出来。电压情况不同厂商差异不大,工作温度和放电倍率不同的电池或不同的厂家会有一些差异。常用锂离子电池参数见表 3.2。

表 3.2　常用锂离子电池参数

序号	参数	钴酸锂	三元锂	锰酸锂	磷酸铁锂
1	振实密度/(g · cm^{-3})	2.8 ~ 3.0	2.0 ~ 2.3	2.2 ~ 2.4	1.0 ~ 1.4
2	比表面积/(m^2 · g^{-1})	0.4 ~ 0.6	0.2 ~ 0.4	0.4 ~ 0.8	12 ~ 20
3	容量密度/(W · h · kg^{-1})	135 ~ 140	155 ~ 65	100 ~ 115	130 ~ 140
4	电压平台/V	3.7	3.6	3.6	3.2
5	循环性能/次	>300	>800	>500	>2 000
6	过渡金属	贫乏	贫乏	丰富	非常丰富
7	原料成本	很高	高	低廉	低廉
8	环保	含钴	含镍、钴	无毒	无毒
9	安全性能	差	较好	良好	优秀

3.1.3　锂离子电池的分类

锂离子电池可以分成两个大类:一次性不可充电电池(又称为锂原电池) 和二次充电电池(又称为锂蓄电池)。不可充电电池如锂二氧化锰电池、锂-亚硫酰胺电池。

二次充电电池可以根据不同的情况分类:

①按外形分:方形锂电池(普通手机电池)、圆柱形锂电池(电动工具的18650)和纽扣式锂离子电池。

②按外包材料分:铝壳锂电池、钢壳锂电池、软包电池。

③按电解液状态分:锂离子电池(LIB)、聚合物电池(PLB)和全固态锂离子电池(目前还处于试验阶段)。

④按用途分:普通电池和动力电池。

⑤按性能特性分:高容量电池、高倍率电池、高温电池、低温电池等。

⑥按正极材料分:磷酸铁锂电池、锰酸锂电池、三元锂电池。

1)磷酸铁锂电池

磷酸铁锂电池是指用磷酸铁锂作为正极材料的锂离子电池。现在主要方向是用作动力电池,相对 Ni-H、Ni-Cd 电池有很大优势。尤其是在循环性能、环保性、安全性能、原料成本及应用领域。磷酸铁锂电池充放电效率为 88% ~ 90%,而铅酸电池约为 80%。

磷酸铁锂电池优势:

①超长寿命。长寿命铅酸电池的循环寿命在 300 次左右,最高也就 500 次,而磷酸铁锂动力电池,循环寿命达到 2 000 次。同质量的铅酸电池是"新半年、旧半年、维护维护又半年",最多也就 1 ~ 1.5 年时间,而磷酸铁锂电池在同样条件下使用,将达到 7 ~ 8 年。综合考虑,性能价格比将为铅酸电池的 4 倍以上。

②使用安全。磷酸铁锂完全解决了钴酸锂和锰酸锂的安全隐患问题,钴酸锂和锰酸锂在强烈的碰撞下会产生爆炸,对消费者的生命安全构成威胁。而磷酸铁锂已经过严格的安全测试,即使在最恶劣的交通事故中也不会产生爆炸。

③可大电流 2 A 快速充放电。在专用充电器下,1.5 A 充电 40 min 内即可使电池充满,起动电流可达 2 A,而铅酸电池现在无此性能。

④耐高温。磷酸铁锂电热峰值可达 350 ~ 500 ℃,而锰酸锂和钴酸锂只在 200 ℃左右。

⑤大容量。具有比普通电池(铅酸等)更大的容量,为 5 ~ 1 000 A · h(单体)。

⑥无记忆效应。可充电池经常处于充满不放完的条件下工作,容量会迅速低于额定容量值,这种现象叫作记忆效应。像镍氢、镍镉电池存在记忆性,而磷酸铁锂电池无此现象,电池无论处于什么状态,可随充随用,无须先放完再充电。

⑦绿色环保。该电池不含任何重金属与稀有金属(镍氢电池需稀有金属),无毒(SGS 认证通过),无污染,符合欧洲《关于限制在电子电器设备中使用某些有害成分的指令》(Restriction of Hazardous Substanus,RoHS)规定,为绝对的绿色环保电池。铅酸电池中却存在着大量的铅,在其废弃后若处理不当,将对环境造成二次污染,而磷酸铁锂材料无论在生产及使用中,均无污染。

2）锰酸锂电池

锰酸锂是较有前景的锂离子正极材料之一。相比钴酸锂等传统正极材料,锰酸锂具有资源丰富、成本低、无污染、安全性好、倍率性能好等优点,是理想的动力电池正极材料,但其较差的循环性能及电化学稳定性却大大限制了其产业化。锰酸锂主要包括尖晶石型锰酸锂和层状结构锰酸锂,其中尖晶石型锰酸锂结构稳定,易于实现工业化生产,如今市场产品均为此种结构。尖晶石型锰酸锂属于立方晶系,Fd3m 空间群,理论比容量为 148 mA·h/g,由于具有三维隧道结构,锂离子可以可逆地从尖晶石晶格中脱嵌,不会引起结构的塌陷,因而具有优异的倍率性能和稳定性。

3）三元锂电池

三元锂电池是指正极材料使用锂镍钴锰三元正极材料的锂电池,锂离子电池的正极材料有很多种,主要有钴酸锂、锰酸锂、镍酸锂、三元材料、磷酸铁锂等。三元材料综合了钴酸锂、镍酸锂和锰酸锂三类材料的优点,具有容量高、成本低、安全性好等优异特性,其在小型锂电中逐步占据了一定的市场份额,并在动力锂电领域具有良好的发展前景。

对于锂离子电池而言,钴金属是必不可少的材料。但是金属钴一方面价格高昂,一方面存在毒性,各个国家的电池厂商近年来都致力于锂离子电池的“少钴化”。在这种趋势下,以镍盐、钴盐、锰盐为原料制备而成的镍钴锰酸锂三元材料渐渐受到推崇。从化学性质角度出发,三元材料属于过渡金属氧化物,电池的能量密度较高。

尽管在三元材料中,钴的作用仍不可缺少,但质量分数通常控制在 20% 左右,成本显著下降。而且同时兼具钴酸锂和镍酸锂的优点。随着近年来国内外厂商不断加码生产,以三元材料为正极材料的锂离子电池取代商用钴酸锂的趋势已十分明显。

大到电动汽车,小到智能手机、可穿戴设备或者充电宝,这种新型技术都是完全适用的。特斯拉最早将三元电池应用在电动汽车上,Model S 续航里程能够达到 486 km,电池容量达到 85 kW·h,采用了 8 142 个 3.4 A·h 的松下 18650 型电池。设计人员将这些电池以砖、片的形式逐一平均分配,最终组成一个位于车身底板的电池包。

3.1.4　锂离子电池的工作原理

锂离子电池的工作原理基于所谓的“摇椅”机理。充电时,由于外部电流的作用,锂离子从正极材料的晶格中脱出,通过电解质溶液和隔膜,嵌入负极;放电时,锂离子从负极脱出,通过电解质溶液和隔膜,嵌入正极材料晶格。在整个充放电过程中,锂离子往返于正负极之间。

有机电解质含有导电锂盐,以提供离子导电性。电极/电解质界面具有多种表面化学特性而非惰性。尤其在负极上,有机电解质会发生分解反应,进而形成由有机和无机化合物组成的表层膜,这就是所谓的固体电解质相界面。

锂离子电池的电极反应表达式如下:

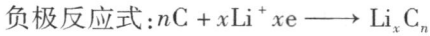

正极反应式: $LiMO_2 \longrightarrow Li_{1-x}MO_2 + xLi^+ + xe$

负极反应式: $nC + xLi^+ xe \longrightarrow Li_xC_n$

电池反应式: $LiMO_2 + nC \longrightarrow Li_{1-x}MO_2 + Li_xC_n$

图 3.9 所示为锂离子电池工作原理。

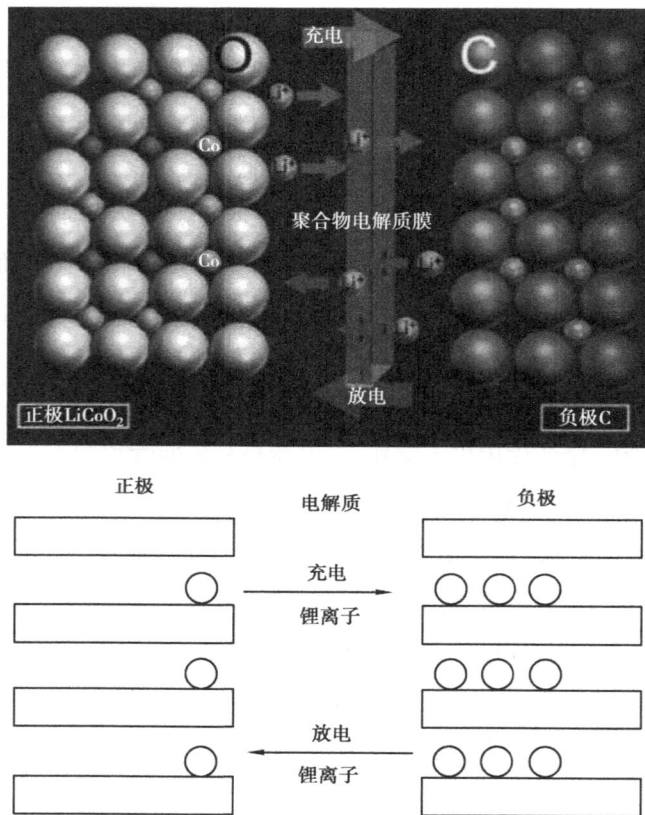

图 3.9 锂离子电池工作原理

3.1.5 锂离子电池的失效机理

造成锂离子电池容量衰退的主要原因如下所述。

（1）正极材料的溶解

以尖晶石为例，Mn 的溶解是引起可逆容量衰减的主要原因。Mn 的溶解沉积造成正极活性物质减少；溶解的 Mn 游离到负极时会造成负极 SEI 膜的不稳定，被破坏的 SEI 膜再形成时会消耗锂离子，造成锂离子的减少。Mn 的溶解是尖晶石锂离子电池容量衰减的重要原因。

（2）正极材料的相变化

一般认为，锂离子的正常脱嵌反应总是伴随着宿主结构摩尔体积的变化引起结构的膨胀与收缩，导致氧八面体偏离球对称性并成为变形的八面体构型。这种现象被称为 Jahn-Teller 效应（或 J-T 扭曲）。J-T 效应所导致的尖晶石结构不可逆转变，也是电池容量衰减的主要原因之一。J-T 效应多发生在过放电阶段；在起始材料中加入过量的锂、掺杂 Ni、Co、Al 等阳离子或者 S 等阴离子可以有效地抑制 J-T 效应。

（3）电解液的分解

锂离子电池中常用的电解液主要包括由各种有机碳酸酯（如 PC、EC、DMC、DEC 等）的混合物组成的溶剂以及由锂盐组成的电解质。在充电的条件下，电解液对含碳电极具有不稳定性，故会发生还原反应。电解液还原消耗了电解质及其溶剂，对电池容量及循环寿命产生不良影响。

（4）过充电造成的容量损失

电池在过充电时会造成负极锂的沉积、电解液的氧化以及正极氧的损失。这些副反应或者消耗了活性物质，或者产生了不溶物质堵塞电极孔隙，或者正极氧损失导致高电压区的 J-T 效应，这些都会导致电池容量衰减。

（5）自放电

锂离子电池的自放电所导致的容量损失大部分是可逆的，只有一小部分是不可逆的。造成不可逆自放电的原因主要有锂离子的损失，电解液氧化产物堵塞电极微孔，造成内阻增大等。

（6）SEI 界面膜的形成

因界面膜的形成而损失的锂离子将导致两极间容量平衡的改变，在最初的几次循环中就会使电池的容量下降。另外,界面膜的形成会使部分石墨粒子和整个电极发生隔离而失去活性,也会造成容量的损失。

(7)集流体的腐蚀

锂离子电池中的集流体材料常用铜和铝,两者都容易发生腐蚀,集流体的腐蚀会导致电内阻增加,从而造成容量损失。

3.2 锂离子电池的应用

3.2.1 我国锂离子电池市场现状

2010 年,我国锂离子电池产量为 26.87 亿只,得益于电动车销量快速增长,2016、2017 年锂离子电池累计产量增速均在 30% 以上,到 2017 年,锂电池产量已提升至 111.13 亿只,增长超过 4 倍;2018 年 12 月,全国锂电池产量累计达到 139.87 亿只,累计产量同比增长 12.9%,如图 3.10 所示为我国 2010—2018 年锂离子电池产量。

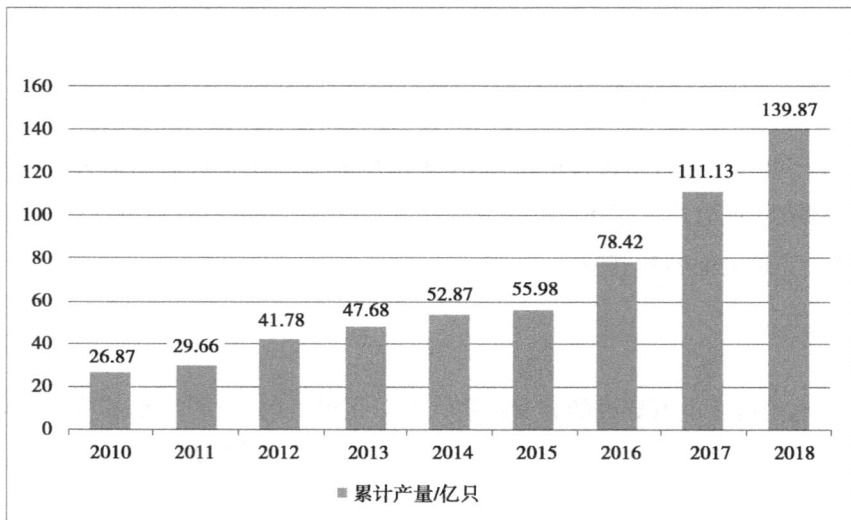

图 3.10　我国 2010—2018 年锂离子电池产量

2018 年中国锂离子电池总出货量 102 GW·h,同比增长 27%,其中动力电池出货量占比 63.7%(图 3.11)。动力电池占比继续上升,较 2017 年上升 8.3 个百分点。数码电池的比例下滑,储能电池占比有所上升。动力锂电池出货量占比保持上升,主要是动力电池出货量同比增长 46%。

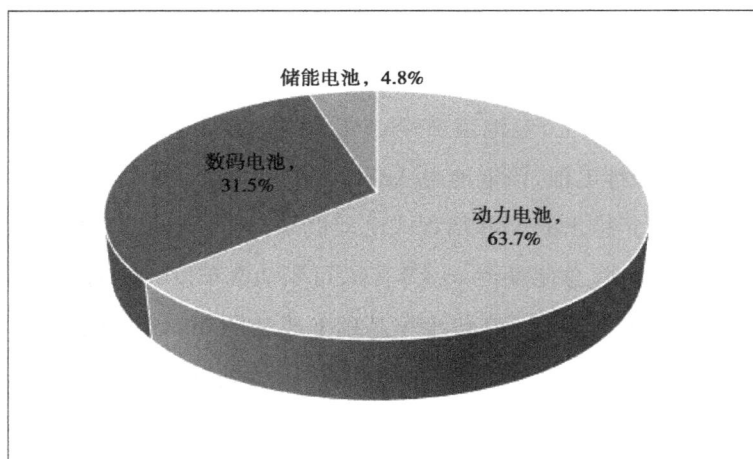

图 3.11　2018 年全国锂离子电池种类细分及占比

2018 年对应的动力电池市场规模为 820 亿元,如图 3.12 所示,同比增长 13%,增速远小于出货量增速,主要系 2014 年以来动力电池价格保持年均 20% 左右的下滑速度,2018 年底容量型动力电池均价为 1.15～1.3 元/W·h,较 2017 年底降幅超过 20%。

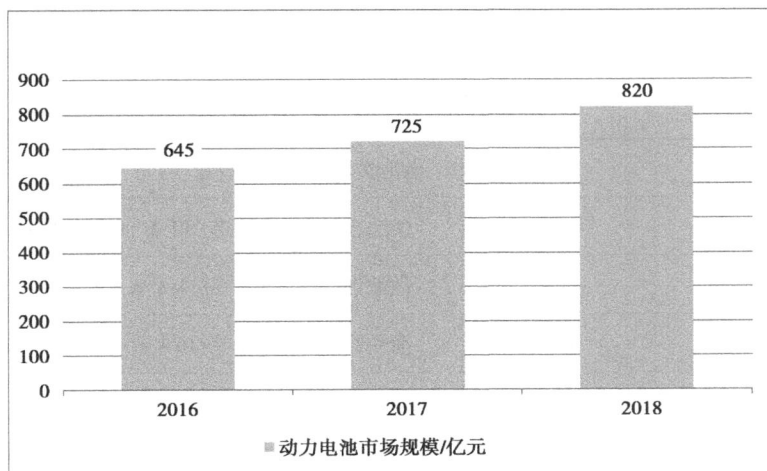

图 3.12　2016—2018 年中国动力电池市场规模

3.2.2　锂离子电池在电动汽车上的应用实例

近年来随着锂离子电池生产工艺的提高和成本的降低,以锂离子电池作为动力电池的纯电动汽车开始大量出现。

日本三菱公司于 2009 年正式推出 i-MiEV 纯电动汽车,该车采用 22 个模组共 88 节锰酸锂电池,由 Lithium Battery Japan 提供,该电池每节容量 50 A·h,电池组总能量约 16 kw·h,续驶里程 160 km。

日本 Nissan 公司于 2010 年在北美和日本推出 Leaf 纯电动汽车,其驱动电池总能量为 24 kW·h,输出功率达 90 kW 以上,电池组由 48 个模组组成,每个模组包含两两并联之后再串联的四节 33.1 A·h 锰酸锂电池,该电池由 AESC 提供。

美国通用公司 2010 年推出的 Volt 增程式电动汽车,其特有的"T"形电池组由 288 节 LG 化学提供的锰酸锂电池组成,总能量约 16 kW·h,可驱动汽车以纯电动模式行驶 60 km。

德国宝马公司于 2008 年推出了在传统车基础上改装的 Mini-E 纯电动汽车,该车电池组由 48 个模组共 5 088 节电池组成,总能量约 35 kW·h,续驶里程高达 250 km,电池类型选用的是中国台湾能元科技提供的磷酸铁锂电池。

从国内来看,2008 年北京奥运会所使用的 50 辆电动大巴采用的是中信国安盟固利提供的 360 A·h 锰酸锂电池,2010 年上海世博会以申沃公司生产的 SWB6121EV2 作为园内指定公交车,该车采用了 2 890 节由万向电动车公司提供的 15 A·h 磷酸铁锂电池。此外,众多上市的纯电动轿车,如比亚迪公司的 E6 纯电动汽车以及众泰公司的众泰 2008EV 等,多采用磷酸铁锂电池作为动力电池,最高车速和续驶里程方面均已达到或接近国际水平。表 3.3 统计了几款已量产的电动汽车电池类型及供应商信息。

表 3.3　量产电动车电池类型及供应商信息

	整车厂	车型	电池类型	数量/容量	供应商
国外	三菱	i-MiEV	锰酸锂	88 节/50 A·h	Lithium Battery Japan
	Nissan	Leaf	锰酸锂	192 节/33.1 A·h	AESC
	通用	Volt	锰酸锂	288 节/16 kW·h	LG 化学
	BMW	Mini-E	磷酸铁锂	5088 节/35 kW·h	能元科技
国内	申沃	SWB6121EV2	磷酸铁锂	2 890 节/15 A·h	万向电动车
	众泰	2008EV	磷酸铁锂	45 A·h	汉维
	安凯	HFF6127G03EV	磷酸铁锂	400 A·h	合肥国轩
	比亚迪	CK6120LGEV	磷酸铁锂	600 A·h	比亚迪电池
	南车时代	TEG6120EV	磷酸铁锂	360 A·h	天空能源

3.2.3　锂离子电池的发展趋势

（1）锂离子电池的市场趋势

中国作为全球锂离子电池发展最活跃的地区,锂离子电池市场规模逐年增长。2017 年中国锂离子电池销售收入达 1 589 亿元,同比增长 19.5%;锂离子电池产量为 1 009 亿 W·h,同比增长 15.6%。2018 年,锂电池销售收入达到 1 882 亿元人民币(其中动力电池市场规模为 820 亿元),2019 年跨过了 2 000 亿元大关,2021 年将超过 3 000 亿元。

从 2016 年开始,新能源汽车已是带动锂离子电池快速增长的最大引擎,预计未来 5 ~ 10 年,新能源汽车仍将是拉动锂离子电池出货量增长的主要动力。储能市场逐渐进入快速期,对锂离子电池的需求有望提速。国内储能锂离子电池除了满足国内需求,也将批量出口到欧美、澳洲、东南亚等地。3C 数码及小动力市场增速有限,特别是 3C 数码领域短期很难再快速增长。小动力市场将维持较高速增长,主要替代铅酸、镍氢电池市场。

（2）锂离子电池的材料趋势

锂离子电池组成成分主要包括正极、负极、电解质(电解液)和隔膜四大类材料,其中正极材料直接决定了锂离子电池的安全特性和能否做到大容量,是最关键的材料。根据正极材料的不同,锂离子电池主要可以分为钴酸锂、锰酸锂、磷酸铁锂和三元材料 4 种类型。不同正极材料锂离子电池特性对比见表 3.4。

表 3.4　不同正极材料锂离子电池特性对比

正极材料	钴酸锂	锰酸锂	三元材料	磷酸铁锂
工作电压/V	3.6 V	3.8 V	3.7 V	3.2 V
材料电容量/$(mA·h·g^{-1})$	160	110	190	110
循环寿命/次	>1 000	>1 000	>1 000	>1 000
价格	高	低	较高	较低
安全性	差	较差	较好	好
应用领域	小型电池	动力电池	小型电池	动力电池

钴酸锂电池是最早出现的锂离子电池类型,高低温充放电性能稳定,但是安全性较差,且因用到稀土元素钴导致价格昂贵且污染环境,目前主要应用于便携式设备上。

锰酸锂电池拥有较高的放电平台,安全性相对于钴酸锂电池有所提高并且成本低廉,但是比能量较低、循环性能特别是高温性能较差,如何提高锰酸锂电池的能量密度和高温特性是研究热点。

磷酸铁锂电池在三者中商品化最晚,具有较好的热稳定性和循环特性,对环境友好,但是磷酸铁锂电池电压平台比其他锂离子电池要低 0.5 V 左右,且体积比容量稍大,生产时严格的无氧环境导致成本升高且产品一致性较差,低温性能较差,低温特性和倍率特性是磷酸铁锂电池改进的方向。

三元材料是由 3 种电极材料共融而成的复合电极材料,理论上兼具每种电极材料的特性和优势,目前最常见的是 NCA 和 NCM。其中,NCM 是通过调配镍、钴、锰三者的比例,得到不同的电极特性,是目前主流的三元材料,也被认为是目前最具有应用前景的正极材料之一。

根据工信部发布的《节能与新能源汽车技术路线图》,2020 年的纯电动汽车动力电池的能量密度目标为 350 W·h/kg,2025 年目标为 400 W·h/kg,2030 年目标为 500 W·h/kg。要达到 2020 年的阶段性目标 350 W·h/kg,在能量密度上具有优势的 NCM 三元材料无疑是目前可行性方案中的最优之选。

2017 年以来,不少动力电池厂家都在加速高镍三元电池的产业化进程,国内高镍三元电池的研发和生产均已呈现燎原之势。虽然目前三元电池企业主要应用的还是 NCM523 和 NCM622 电池,但是 NCM811 已经进入部分动力电池企业的材料供应链。随着材料体系的高镍化进程,预计国内三元电池企业将开始批量应用 NCM811 高镍三元材料,电池单体能量密度将从 200 W·h/kg 向 250~300 W·h/kg 迈进。

第 **4** 章
镍镉及镍氢碱性动力电池

碱性动力电池是以氢氧化钾等碱性水溶液作为电解液的二次电池的总称,按正负极活性物质种类分为镍镉电池、镍氢电池和镍锌电池等。由于它们都含有金属镍,故又称镍金属电池。碱性电池能量密度高、自放电小、耐充电性好、储存性能较好,可以制作成密闭电池,易于实现小型化。

最早的碱性蓄电池是瑞典的 W. Jungner 于 1899 年发明的镍镉电池。20 世纪 70 年代中期,美国成功研制了功率大、质量轻、寿命长、成本低的镍氢电池,并且于 1978 年成功地将这种电池应用在导航卫星上。

现阶段在电动车辆上应用最多的碱性电池是镍氢电池。镍氢电池技术成熟、比功率大、无记忆效应,没有重金属镉带来的环境污染问题,其工作电压与镍镉电池完全相同,工作寿命也大体相当,但镍氢电池具有良好的过充电和过放电性能。从 20 世纪 90 年代到现在,镍氢电池一直是二次蓄电池市场的主流产品,不但广泛应用于各类消费型电子产品上,而且还用于电动工具和电动车动力电池。目前商业化程度最好的就是日本丰田汽车公司混合电动车使用的镍氢电池。

4.1 镍镉电池

镍镉电池是 EV 和 HEV 首选电池之一,因其碱性氢氧化物中含有金属镍和镉而得名。镍镉电池轻便、抗震、极板强度高、工作电压平稳、能够带电充电并可以快速充电、过充电和过放电性能好、有高倍率的放电特性,瞬时脉冲放电率大,深度放电性能好;循环使用寿命长,比能量可达 55 W·h/kg,比功率超过 190 W/kg。此外,镍镉电池采用全封闭外壳,可以在真空环境中正常工作,低温性能较好,能够长时间存放。

镍镉电池按电极的结构和制造工艺分为有极板盒式、无极板盒式和双极性电极叠层式 3 种类型,具体如下所述。

（1）有极板盒式

有极板盒式电极是将正负极活性物质填在穿孔的镀镍钢带做成的袋式或管式壳子里。广泛使用在 5~1 000 A·h 容量的蓄电池里。

（2）无极板盒式

无极板盒式包括压成式、涂膏式、烧结式和半烧结式。
①压成式:活性物质直接用干粉法压成。
②涂膏式:活性物质用黏结剂制成膏状涂在骨架上。
③烧结式:先用镍粉烧成骨架,然后将活性物质填充在多孔基板孔中。
④半烧结式:正极为烧结式,负极为涂膏式。

（3）双极性电极叠层式

双极性电极叠层式镍镉电池的一边为负极,一边为正极,中间为浸有电解液的隔膜,然后叠层。

镍镉电池优缺点都比较明显,主要特性如下所述。
1）使用寿命长
镍镉电池循环使用寿命长,可达到 2 000 次或 7 年以上。
2）密封性能好
镍镉电池采用全封闭外壳,密封圈使用的是特殊材料,再加上密封剂的作用,因此使用过程中不会有电解液漏出的现象,也不需要补充电解液;由于采用完全密封式,镍镉电池可以在真空环境中正常工作。
3）自放电小
镍镉电池储存寿命长而且限制条件少,经长期贮存后仍可正常充电。长时间放置不会使性能劣化,当充完电后即可恢复原来的特性。
4）大范围温度适应性
镍镉电池可以应用于较高或较低的温度环境。高温型电池可以在 70 ℃ 或者更高温度的环境中使用。相比于其他类型电池低温性能也良好。

5)内阻小、可供大电流充放电

镍镉电池可根据应用需要进行快速充放电。

6)电压稳定,放电曲线平稳

7)耐过充、过放电

与其他种类电池相比,镍镉电池可耐过充、过放电,操作简单方便。

4.1.1 镍镉电池的结构及工作原理

镍镉电池因其碱性氢氧化物中含有金属镍和金属镉而得名。镍镉电池的结构示意图如图 4.1 所示。

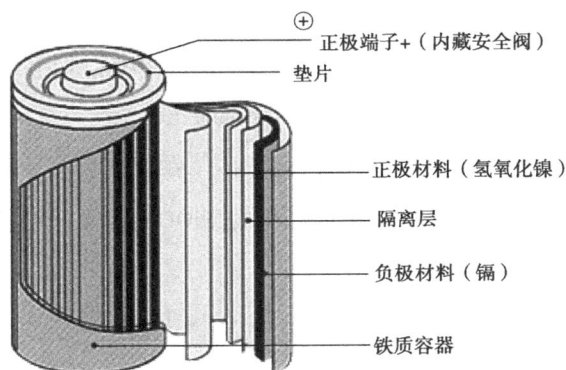

图 4.1 镍镉电池的结构示意图

(1)正极

镍镉电池的正极材料为氢氧化镍和石墨粉的混合物。充电时为 NiOOH,放电时为 Ni(OH)。

(2)负极

镍镉电池的负极材料为海绵状镉粉或氧化镉粉以及氧化铁粉。氧化铁粉的作用是使氧化镉粉有较高的扩散性,增加极板的容量。

(3)电解液

镍镉电池的电解液通常为氢氧化钠或氢氧化钾溶液。为了增加蓄电池的容量和循环寿命,通常在电解液中加入少量的氢氧化锂(每升电解液加 15 ~ 20 g)。

镍镉电池的充放电过程反应如下:

正极充放电反应为

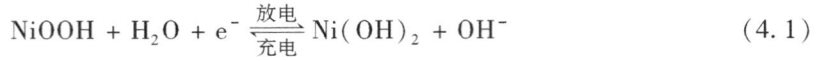

$$NiOOH + H_2O + e^- \underset{充电}{\overset{放电}{\rightleftharpoons}} Ni(OH)_2 + OH^- \tag{4.1}$$

负极充放电反应为

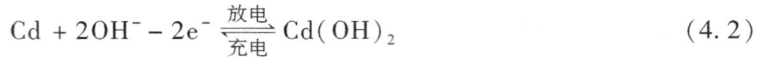

$$Cd + 2OH^- - 2e^- \underset{充电}{\overset{放电}{\rightleftharpoons}} Cd(OH)_2 \tag{4.2}$$

电池总反应为

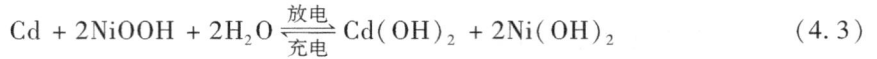

$$Cd + 2NiOOH + 2H_2O \underset{充电}{\overset{放电}{\rightleftharpoons}} Cd(OH)_2 + 2Ni(OH)_2 \tag{4.3}$$

①镍电极的反应机理。镍电极充电时,电极中的 $Ni(OH)_2$ 颗粒表面的 Ni^{2+} 失去一个电子成为 Ni^{3+},电子通过正极中的导电网络和集流体向外电路转移;同时 $Ni(OH)_2$ 颗粒表面晶格 OH^- 中的 H^+ 通过界面双电层进入溶液,与溶液中的 OH^- 结合生成 H_2O。上述反应首先是发生在 $Ni(OH)_2$ 颗粒的表面层,使得表面层中质子 (H^+) 浓度降低,而颗粒内部仍然保持较高浓度的 H^+。由于浓度梯度,H^+ 从颗粒内部向表面扩散。

镍电极充电时由于质子 (H^+) 在 $NiOOH/Ni(OH)_2$ 颗粒中扩散系数小,颗粒表面的 H^+ 浓度降低,在极限情况下会降低到零,这时表面层中的 $NiOOH$ 几乎全部转化为 NiO_2。电极的电势不断升高,反应如下:

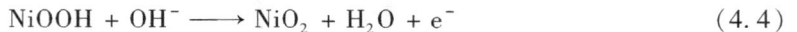

$$NiOOH + OH^- \longrightarrow NiO_2 + H_2O + e^- \tag{4.4}$$

由于电极电势的升高,导致溶液中的 OH^- 被氧化,发生如下反应:

$$4OH^- - 4e^- \longrightarrow O_2 \uparrow + 2H_2O \tag{4.5}$$

因此在充电过程中,镍电极上会有 O_2 析出,但这并不表示充电过程已经全部完成。通常情况下,在充电后不久镍电极就会开始析氧,在极限情况下,表层中生成的 NiO_2 并非以单独的结构存于电极中,而是掺杂在 $NiOOH$ 晶格中。NiO_2 不稳定会因发生分解而析出氧气。

$$4NiO_2 + 2H_2O \longrightarrow 4NiOOH + O_2 \uparrow \tag{4.6}$$

②镉电极的反应机理。镉电极的放电反应机理是溶解 - 沉淀机理。放电时镉(Cd)被氧化,生成 $Cd(OH)_3^-$ 进入溶液,然后再形成 $Cd(OH)_2$ 沉积在电极上。镉(Cd)电极的放电反应机理是首先发生 OH^- 的吸附:

$$Cd + OH^- \longrightarrow Cd\text{-}OH_{吸附} + e^- \tag{4.7}$$

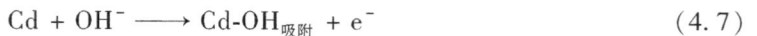

随着电极电势的不断提高,镉进一步被氧化,生成 $Cd(OH)_3^-$ 进入溶液:

$$Cd\text{-}OH_{吸附} + 2OH^- \longrightarrow Cd(OH)_3^- + e^- \tag{4.8}$$

当界面溶液中 $Cd(OH)_3^-$ 过饱和时，$Cd(OH)_2$ 就沉淀析出。

$$Cd(OH)_3^- \longrightarrow Cd(OH)_2\downarrow + OH^- \tag{4.9}$$

生成 $Cd(OH)_2$ 的附着在电极表面上形成疏松多孔的 $Cd(OH)_2$ 有利于溶液中的 OH^- 继续向电极内部扩散，使内部的海绵状镉也通过溶解-沉淀过程转化为 $Cd(OH)_2$ 实现内部活性物质的放电。

4.1.2　镍镉电池的基本性能

(1)充放电性能

镍镉蓄电池的标准电动势是 1.299 V，额定电压是 1.2 V，平均工作电压是 1.20 ~ 1.25 V。刚充完电的镍镉电池开路电压较高，可达到 1.4 V 及以上，放置一段时间后，开路电压会降到 1.35 V 左右，如图 4.2 所示。当以 0.5C 对镍镉蓄电池进行充电，在充电开始时，蓄电池电压在 1.3 V 左右，随着充电的进行，电压缓缓上升到 1.4 ~ 1.6 V 并稳定较长时间，当蓄电池充电容量达到 100% 之后，电压会急剧上升后下降。

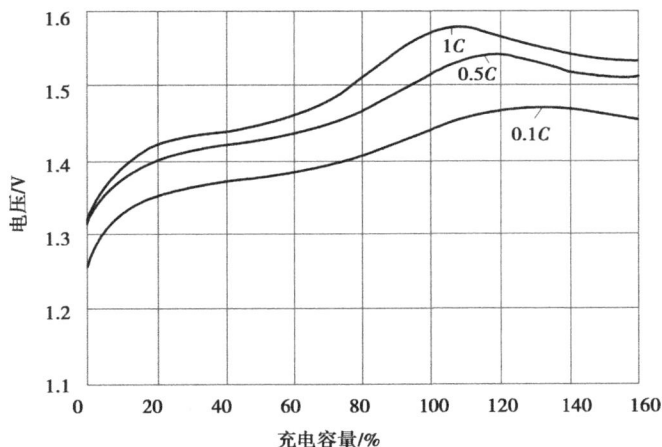

图 4.2　镍镉电池在不同充电倍率下的充电曲线

镍镉电池放电曲线比较平稳，只是在放电终止时电压突然下降，一般以 0.2C 放电时，电压稳定在 1.2 V 左右，如图 4.3 所示。

(2)倍率持续放电特性

镍镉电池允许大电流放电而不会损坏，允许放电倍率在 10C 以上。大电流放电时，电压下降很快,电池可放出的能量下降。

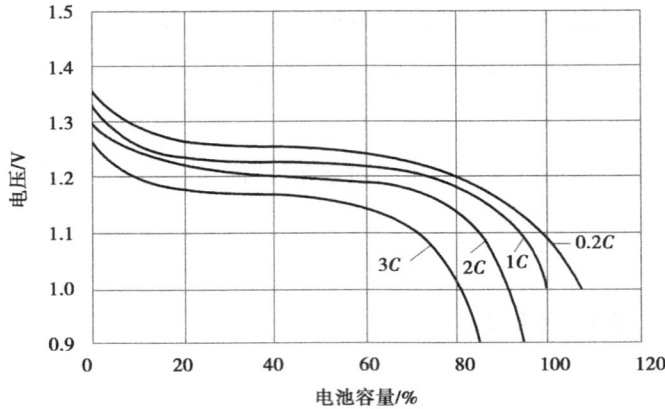

图 4.3　镍镉电池在室温下以不同倍率放电曲线

（3）高低温放电性能

在一定范围内,温度升高镍镉电池的容量会增加,温度降低电解液的电阻增加,会使镍镉电池的容量降低。但温度超过 50 ℃时,正极析氧,过电势降低,正极充电不完全;同时镉的溶解会随着温度的上升而增大,从而迁移到隔膜中,容易形成镉枝晶,导致蓄电池内部微短路。另外,高温还会加速镍基板腐蚀和隔膜氧化,导致蓄电池失效。

（4）耐过充电和过放电性能

镍镉蓄电池具有很好的耐过充电和过放电的能力。$1C$ 恒电流持续充电 2 h,或强迫过放电不超过 2 h,蓄电池不会损坏。

（5）记忆效应

记忆效应是指镍镉电池由于长期不彻底充电、放电,在电池内留下痕迹,降低电池容量的现象。比如,镍镉电池长期只放出 80% 的电量后开始充电,一段时间后,蓄电池充满电后也只能放出 80% 的电量。

1）记忆效应的产生原因

传统工艺中负极为烧结式,镉晶粒较粗,如果镍镉电池在它们被完全放电之前就重新充电,镉晶粒容易聚集成块而使电池放电时形成次级放电平台。电池会储存这一放电平台并在下次循环中将其作为放电的终点,尽管电池本身的容量可以使电池放电到更低的平台上,但在以后的放电过程中电池将只记得这一低容量。同样在每一次使用中,任何一次不完全的放电都将加深这一效应,使电池的容量变得更低。

2）记忆效应的预防

要防止镍镉电池记忆效应的产生，应将电池使用到没电再充电，或在有放电功能的充电器上先行放电。切勿将还有电的电池重复充电，以避免记忆效应的产生。

3）记忆效应的消除方法

要消除记忆效应有两种方法：一是采用小电流深度放电；二是采用大电流充放电几次。在实际应用中，消除记忆效应的方法有严格的规范和操作流程，操作不当会适得其反。

（6）镉金属的毒性

镉是镍镉电池的必备原材料，高浓度的镉不仅会造成植物生长发育滞缓，还会造成其在生物体内残留及富集，最终通过食物链进入人体，危及人类健康。大量研究表明，镉在人体内的半衰期长达 730 年，可积蓄 50 年之久，镉中毒会引起骨痛病、肾损伤、肠胃不适及心血管功能障碍等，甚至会引发癌症。1993 年，国际抗癌联盟就将镉定位为 A 级致癌物。镉及镉的化合物是不可降解的环境污染物，基于环境保护的原因，许多发达国家已建议禁止使用镍镉蓄电池。因此，镍镉电池在报废后要注意做好回收工作，以免重金属镉造成环境污染。

4.1.3　镍镉电池的回收

镍镉电池含有大量的 Ni、Cd 和 Fe，其中 Ni 是钢铁、电器、有色合金、电镀等方面的重要原料，Cd 是电池、颜料和合金等方面应用的稀有金属且有剧毒，报废后必须进行回收。

（1）镍镉电池的回收处理程序

为了回收镍镉电池中的 Ni、Cd、Fe 材料和塑料，一般采用下列处理程序：

1）机械拆卸和排出电解液

分离大电池的支架、壳体，排出的 KOH 常用酸中和成钾盐后弃去。

2）粉碎、筛分物理分离

根据不同物料的粒度、磁化率进行筛分和磁选分离。获得细粒电极物料和粗粒不锈钢、铁废料及塑料，后两类分别用酸中和、水洗后另行回收。

3）化学冶金处理

对活性电极材料进行化学冶金处理，以获得金属镉、镍或它们的化合物试剂。

（2）镍镉电池的回收工艺

废弃镍镉电池再生利用技术一般分为火法冶金和湿法冶金两大类型。

1) 火法冶金

火法冶金是使废旧镍镉电池中的金属及其化合物氧化、还原、分解、挥发及冷凝的过程:镉的沸点远远低于铁、钴、镍的沸点,所以可以将经过预处理的废旧镍镉电池在还原剂(氢气、焦炭)存在的条件下加热至 $900 \sim 1\,000$ ℃,使金属镉以蒸气的形式存在,然后经过冷凝来回收镉,铁和镍作为铁镍合金进行回收。从而实现镉与镍、铁的资源回收。

火法冶金包括常压冶金和真空冶金两种方法。火法冶金工艺简单,能有效回收镉,防止镉污染环境,并能回收铁组金属,在美国、瑞典、法国及日本等发达国家获得了较多的工业应用。但火冶法要在 $900 \sim 1\,000$ ℃高温条件下进行,能耗较高,会产生大量高温含尘炉气,金属回收率和产品纯度也有待提高。

2) 湿法冶金

湿法冶金的原理是基于废旧镍镉电池中的金属及其化合物能溶解于酸性、碱性溶液或某种溶剂形成溶液,然后通过各种处理,如选择性浸出、化学沉淀、电解、溶剂萃取、置换等手段使其中的有价金属得到资源回收,从而减轻废旧镍镉电池对环境的污染。

①置换反应。将废旧电池直接用酸浸出含镍、镉的母液,然后利用金属活泼性的差异,将比镍、镉稍活泼的金属单质如铝、锌置于溶液当中,在适当的条件下将镉置换出来,从而实现镍和镉的分离。此方法操作简单,但是置换出的镉纯度比较低,使其实用性受到影响。

②溶剂萃取。利用萃取剂对镍、镉等离子的分离能力的差异,使镍离子和镉离子在一定条件下最大程度地分开。此法能获得比较理想的镍、镉回收率,但成本较高、投资大。

③电化学沉淀法。利用镍和镉的电极电位差异,通过电解液从溶液中直接回收镉,从而实现镍、镉分离。此方法能获得高纯度的镉,纯度可达到 99% 以上。

4.2　镍氢电池

镍氢电池是 20 世纪 90 年代发展起来的一种新型电池。它的正极活性物质主要由镍制成,负极活性物质主要由储氢合金制成,是一种碱性蓄电池。镍氢电池具有高比能量、高功率、适合大电流放电、可循环充放电、无污染,被誉为"绿色电源"。

镍氢电池具有无污染、高比能、大功率、快速充放电、耐用性等许多优异特性。与铅酸蓄电池相比,镍氢电池具有比能量高、质量轻、体积小、循环寿命长的特点。

①比功率高。目前商业化的镍氢功率型电池能达到 1 350 W/kg。

②循环次数多。目前应用在电动车上的镍氢动力电池,80%放电深度(DOD)循环可以达

1 000 次以上,为铅酸蓄电池的 3 倍以上,100% DOD 循环寿命也在 500 次以上,在混合动力汽车中可使用 5 年以上。

③无污染。镍氢电池不含铅、镉等对人体有害的金属,为 21 世纪"绿色环保电源"。

④耐过充过放。

⑤无记忆效应。

⑥使用温度范围宽。正常使用温度为 $-30 \sim 55$ ℃;储存温度为 $-40 \sim 70$ ℃。

⑦安全可靠。短路、挤压、针刺、安全阀工作能力、跌落、加热、耐振动等安全性、可靠性试验无爆炸、燃烧现象。

4.2.1　镍氢电池的结构和工作原理

镍氢电池主要由正极、负极、极板、隔膜、电解液等组成,包括以镍的储氢合金为主要材料的负极板,具有保液能力和良好透气性的隔膜、碱性电解液、金属壳体,具有自动密封功能的安全阀及其他部件。图 4.4 所示的圆柱形镍氢电池,采用被隔膜相互隔离开的正、负极板呈螺旋状卷绕在壳体内,壳体用盖帽进行密封,在壳体和盖帽之间用绝缘材质的密封圈隔开。

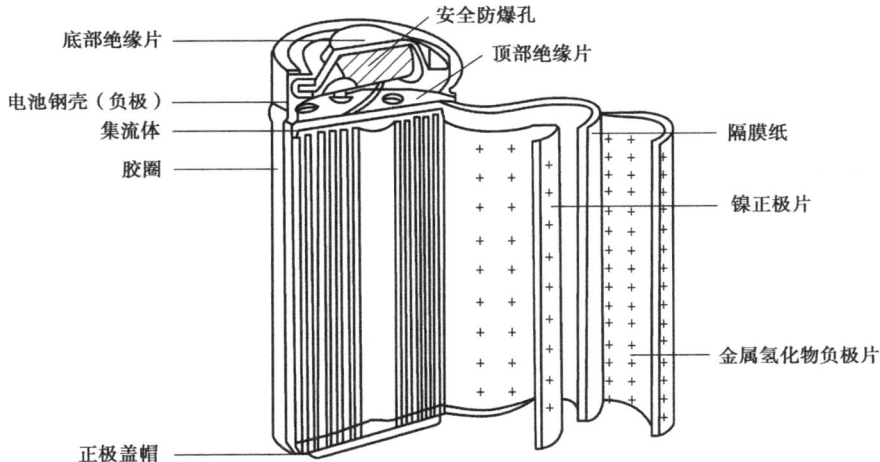

图 4.4　镍氢电池的结构

镍氢电池正极是活性物质氢氧化镍,负极是储氢合金,用氢氧化钾作为电解质,在正负极之间有隔膜,共同组成镍氢单体电池。在金属铂的催化作用下完成充电和放电可逆反应。镍氢电池的极板有发泡体和烧结体两种,发泡体极板的镍氢电池在出厂前必须进行预充电,且放电电压不能低于 0.9 V,工作电压也不太稳定,为避免发泡镍氢电池老化所造成的内阻增高,镍氢电池在出厂前必须进行预充电。

镍氢电池正极的活性物质为 NiOOH(放电时)和 Ni(OH)₂(充电时),负极的活性物质为
H₂(放电时)和 H₂O(充电时),电解液采用30%的氢氧化钾溶液。

电化学反应如下:

负极反应式

$$x\mathrm{H_2O} + \mathrm{M} + xe^- \xrightleftharpoons[\text{放电}]{\text{充电}} x\mathrm{OH^-} + \mathrm{MH}_x \tag{4.10}$$

正极反应式

$$\mathrm{Ni(OH)_2} + \mathrm{OH^-} \xrightleftharpoons[\text{放电}]{\text{充电}} \mathrm{NiOOH} + \mathrm{H_2O} + e^- \tag{4.11}$$

电池总反应式

$$x\mathrm{Ni(OH)_2} + \mathrm{M} \xrightleftharpoons[\text{放电}]{\text{充电}} x\mathrm{NiOOH} + \mathrm{MH}_x \tag{4.12}$$

4.2.2 镍氢电池的充放电特性

通常电池在一定电流下进行充电和放电时都是使用曲线来表示电池的端电压和温度随
时间的变化的,这些曲线称为电池的特性曲线。一般充放电电流的大小常用充放电倍率来表
示,即充放电倍率 = 充放电电流/额定容量。例如,额定容量为100 A·h 的电池用20 A 放电
池时,其放电倍率为0.2C。

(1)镍氢电池的充电特性

镍氢电池的充电特性曲线如图4.5所示,该曲线大致可分为3段。

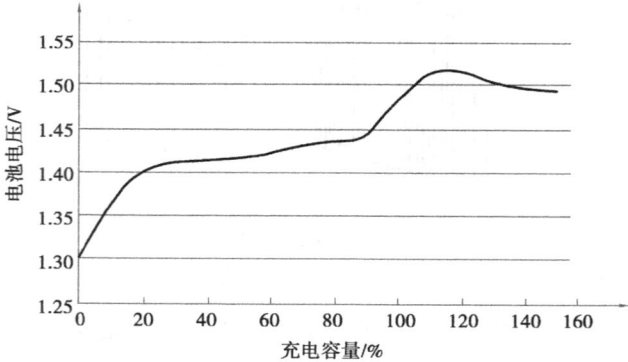

图4.5 镍氢电池的充电曲线

开始时电压上升较快,然后趋于平坦。这是由于 $Ni(OH)_2$ 导电性极差但充电产物 NiOOH 的导电性是前者的 10 倍,因而充电刚开始时,电压上升很快。有 NiOOH 生成后,充电电压上升速率降低,电压变得比较平稳。随着充电过程的进行,当充电容量接近电池额定容量的 75% 左右时,储氢合金中的氢原子扩散速度减慢。由于氧在储氢合金中的扩散速度受负极反应速度的限制,以及此时正极开始逐步析出氧气,因而充电电压就再次呈现快速上升的趋势。当充电量超过电池设计容量之后就进入过充电阶段。此时正极析出的氧会在负极储氢合金表面进行还原、去极化,使负极电位正移,电池温度迅速升高,加之镍氢电池反应温度系数是负值,因此电池的充电电压就会下降。

镍氢电池常用恒流充电的方式进行充电,在充电过程中电池所达到的最高电压是镍氢电池的一个重要指标。充电电压越低,说明电池在充电过程中的极化越小,电池的充电效率就越高,电池的使用寿命就可能越长。采用该方法,充电过程的终点控制是一个非常实际的问题。充电终点控制的方式主要有:

①定时控制。设置一定的充电时间来控制充电终点,一般设定要充入 110% 额定容量所需的时间来控制。

②TCO,即最高温度控制。考虑电池的安全和特性应当避免高温充电,一般电池温度升高到 60 ℃ 时应停止充电。

③电压峰值控制。充电过程中电池的电压达到峰值并保持,即 $\Delta V = 0$,据此来判断充电的终点。

④T/dt,即深度变化率控制。通过检测电池温度变化率峰值来判断充电的终点。

⑤ΔT,即温度差控制。温度差为电池充满电时温度与环境温度之差。

⑥$-\Delta V$,即电压降控制。当电池充满电时,电压达到峰值后会下降一定的值,据此判断充电终点。

(2)镍氢电池的放电特性

镍氢电池工作电压为 1.2 V,指的是放电电压的平台电压。它是镍氢电池的重要性能指标。镍氢电池的放电性能随放电电流、温度和其他因素的改变而变化,电池的放电特性受电流、环境温度等因素的影响,电流越大,温度越低,电池放电电压和放电效率越低,长期大电流放电对电池的寿命也会造成一定的影响。截止电压一般设定在 0.9 ~ 1 V,如果截止电压设定得太高,则电池容量不能被充分利用,反之,则容易引起电池过放。图 4.6 所示为镍氢电池不同放电倍率放电曲线。

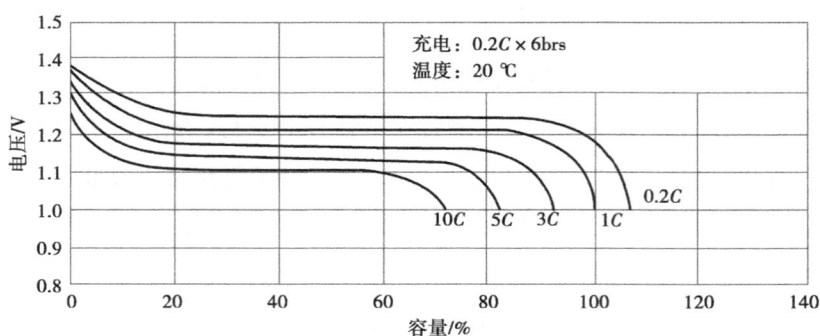

图 4.6　镍氢电池不同放电倍率放电曲线

4.2.3　镍氢电池的容量特性

电池的实际容量受到额定容量的限制,但实际容量也与实际放电机制和应用工况密切相关。在高倍率即大电流放电条件下,电极的极化增强,内阻增大,放电电压下降很快,电池的能量效率降低,电池的实际容量一般都低于额定容量。相应地,在低倍率放电条件下,放电电压下降缓慢,电池实际放出的容量常常高于额定容量。镍氢电池的充电电流、搁置时间、放电终止电压和放电电流等均会对放电容量产生影响。

（1）充电电流对放电容量的影响

充电负极反应方程式中消耗电荷生成 OH^-,电荷不能再释放利用,因而电池的充电效率总是小于 100%。随着充电电流倍率的增大,电极极化增加,将加剧镍氢电池中氧气析出的复合反应,导致充电效率和放电容量降低。

基于该反应原理,放电容量随充电容量的变化也体现为随充电过程进行,电池 SOC 升高,电池可放电容量增加,初期可放电容量增加较快,随着充电过程中复合反应的出现,可放电容量增加速度减缓,最终可放电容量将达到稳定值。

（2）搁置时间对放电容量的影响

搁置时间对镍氢电池放电容量的影响本质上就是镍氢电池的自放电问题。搁置时间对放电容量的影响是金属氧化物不稳定引起的,这种不稳定性在刚充完电或高荷电状态时表现尤为明显,而后渐趋平衡和稳定,因而镍氢电池放电容量随搁置时间的延长而下降,搁置的开始阶段容量下降较快。

（3）放电电流对放电容量的影响

电池内阻主要包括欧姆内阻和电化学极化内阻两部分。欧姆内阻对一特定的电池来说也是一个定值，电化学极化内阻则与发生电化学反应时的极化状态有关，而放电电流是影响电极极化状态的一个重要因素。放电电流增大，电极极化也增大，电化学极化内阻就大，其端电压就相对较低。对于相同的放电终止电压来说，最终反映为放电容量测试结果较低。

（4）放电终止电压对放电容量的影响

放电终止电压直接影响放电时间，而放电容量实际是放电电流与放电时间的乘积，因而放电容量随放电终止电压的降低而增加。但镍氢电池的放电电压不能无限地降低，一般选定在 0.9 V 左右。过低将出现过放电现象，影响镍氢电池的使用寿命。

4.2.4　镍氢电池的内压和温度特性

镍氢电池内压产生的基本原因是电池在充放电过程中，正极析出氧气和负极析出氢气。从而产生电池的内压。镍氢电池的内压是一直存在的，通常都维持在正常水平，不会引起安全问题。但在过充或过放情况下，电池内压升高到一定程度，就有可能带来安全问题。镍氢电池的内压与充电方式及荷电状态有关。图 4.7 所示为镍氢电池充电过程中内压变化曲线。

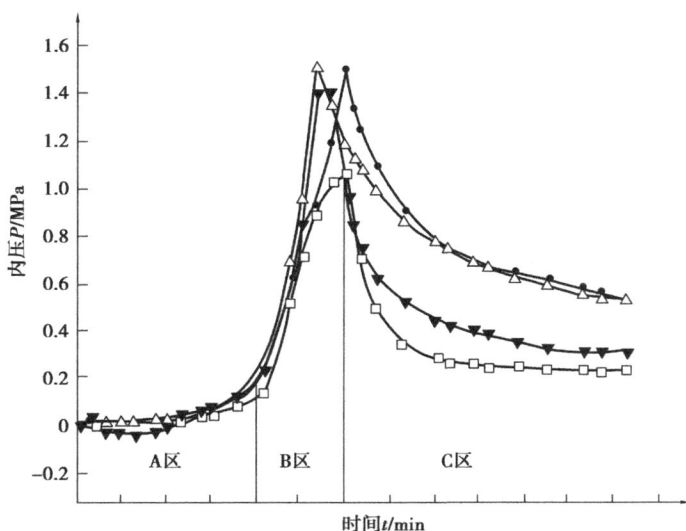

图 4.7　镍氢电池充电过程中内压变化曲线

在电池荷电状态达到 100% 以前，内压增加平缓，当荷电超过 100% 后，内压急剧增加。因此，过充电的镍氢电池存在一定的安全隐患。

试验数据表明,随着电池充电、放电循环次数增加,内压也会逐渐升高,同时电池中氢、氧气体比例也会发生变化。镍氢电池中电解液的量也会影响电池内压,电解液过多会使内压升得很高。

镍氢电池在中高温环境下,由于温度高有利于合金中氢原子的扩散,提高合金的动力学性能,且电解液中 KOH 的电导率也随温度升高而增加,电池放电容量明显比低温时放电容量大。但温度过高(一般超过 45 ℃)时,虽然电解质电导率大,电流迁移能力增强,迁移内阻减小,但电解液溶剂水分蒸发快,增加了电解液的欧姆内阻,两者相互抵消,放电容量将不再增加。

镍氢电池的正常存储温度是 −20 ~ 45 ℃,最佳存储温度为 10 ~ 25 ℃。一般情况下,当温度降到低于 −20 ℃时,电池中的电解液会凝固,电池内阻会变得无穷大,电池内部可能发生不可逆的变化,导致电池无法激活到正常状态,甚至无法使用。当温度超过 45 ℃时,电池自放电速率大大加快,电解液会因发生副反应而产生大量气体,电极片中的辅助材料可能变质失效,从而导致整个电池逐渐老化和容量衰减,甚至在短期内失效。

4.2.5　镍氢电池的自放电和储存性能

电池的自放电主要是由电极材料、制造工艺、储存条件等多方面因素决定的。镍氢电池自放电受控于储氢合金电极。储氢合金电极的自放电可以分为可逆与不可逆两部分。可逆放电是由于电极合金的平台压力大于电池内压造成的;而不可逆是由于电极合金的不断氧化而使合金失效所致。镍氢电池在自然搁置状态时容量的衰减速率很快。在 2 ℃下,镍氢电池的月自放电率将达到 20% ~ 25%。

影响自放电速率的因素主要是电池储存的温度和湿度条件等。温度升高会使电池内正负极材料的反应活性提高,同时电解液的离子传导速度加快,隔膜等辅助材料的强度降低,使自放电反应速率大大提高。如果温度太高,就会严重破坏电池内的化学平衡,发生不可逆反应,最终会严重损害电池的整体性能。湿度的影响与温度条件相似,环境湿度太高也会加快自放电反应。一般来说,在低温和低湿的环境条件下,电池的自放电率低,有利于电池的储存。但是温度太低也可能造成电极材料的不可逆变化,使电池的整体性能大大降低。

针对隔膜材料对镍氢电池自放电的影响,可以选用丙烯酸改性的聚丙烯(PP)隔膜来改善镍氢电池的荷电保持能力,降低电池的可逆自放电可以通过选择合适的合金组分,使其平台压力小于电池内压来实现。

镍氢电池自放电率较高,这不仅与正、负极材料的组成、电解液的组成和隔膜材料有关,而且还与电池的化成方法等有关。

电池的储存性能是指电池在一定条件下储存一定时间后主要性能参数的变化,包括容量下降、外观有无变形和渗液情况。国家标准均有对电池容量下降和外观变化及漏液比例的限制。

电池在储存过程中容量下降主要是由电极自放电引起的,自放电率高对电池储存非常不利,所以一般镍氢电池都遵从即充即用的原则,不宜较长时间闲置。

镍氢电池的存放条件为:存放区应保持清洁、凉爽、通风;温度应为 $10 \sim 25 \ ℃$,一般不应超过 $30 \ ℃$;相对湿度以不大于 65% 为宜。

除了合适的储存温度和湿度条件外,必须注意的是:

①长期放置的电池应该采用荷电状态储存,一般可预充 50% ~ 100% 的电量后储藏。

②在储存过程中,要保证至少每 3 个月对电池充电一次,以恢复到饱和容量;这是因为放完电的电池(放电到终止电压)在储存的过程中,一方面会继续自放电造成过放,另一方面电池内的正负极、隔膜和辅助材料经常会发生严重的电解液腐蚀和漏液现象,对电池的整体性能造成致命的损害。

4.2.6　镍氢电池的循环寿命

镍氢电池的循环寿命受充放电湿度、温度和使用方法的影响。在现在的技术状态下,当按照 REC 标准充放电时,充放电循环可以超过 500 次。在电动车辆上应用,镍氢电池一般采用浅充浅放的应用机制,即 SOC 在 40% ~ 80% 应用,因此电池的使用寿命已经可以达到 5 年以上,甚至达到 10 年以上。

镍氢电池失效的原因有多方面,主要归纳如下:

(1)电解液的损耗

镍氢电池的电解液在电池的充放电循环过程中会在电极和隔膜中重新分配,增加了它们的表面积和孔隙率并导致电极膨胀,电池内压增大,从而导致气体（氢气和氧气）的泄漏,最终导致电解液的损耗。电解液的损耗将导致电池溶液内阻增大,电导率降低。

(2)电极材料的改变

镍氢电池经一定次数的充放电循环后,负极中的锰、铝元素会发生偏析溶解,负极储氢合金表面逐渐被腐蚀氧化,在电极表面形成一层氢氧化物,合金体积发生膨胀、收缩,最后导致合金粉化,严重影响了电池在充放电过程中的吸氢放氧性能。

（3）隔膜的变化

随着电池充放电循环次数的增加，电池的隔膜结构会发生变化，隔膜的电解液保持能力下降，电池自放电增加，电池寿命降低。另外，从电池电极上脱落下来的电极材料逐渐堵塞隔膜上的孔隙，严重影响镍氢电池中气体的渗透传输，进而增大了电池内阻，影响电池充放电性能，导致电池失效。

第 5 章
电动汽车电池管理系统

5.1 动力电池管理系统介绍

5.1.1 动力电池管理系统的组成

由于动力蓄电池能量和端电压的限制,纯电动汽车需要采用多块电池进行串、并联组合。又由于动力蓄电池特性的非线性和时变性,以及复杂的使用条件和苛刻的使用环境,在纯电动汽车使用过程中,要使动力蓄电池工作在合理的电压、电流、温度范围内,对纯电动汽车上的动力蓄电池要进行有效管理。对于氢蓄电池和锂离子蓄电池,有效管理尤为重要,如果管理不善,不仅可能会显著缩短动力蓄电池的使用寿命,还可能会引起着火等严重安全事故,因此,动力电池管理系统简称电池管理系统(Battery Management System,BMS),是电动汽车的必备装置。

电池管理系统是用来对动力电池组进行安全监控、管理的装置。通过电池管理系统对电动汽车的动力电池参数进行实时监控、故障诊断、SOC 估算、行驶里程估算、短路保护、漏电监控、显示报警、充放电模式选择,并通过 CAN 总线的方式与车辆集成控制器或充电机进行信息交互,保障电动汽车高效、可靠、安全运行、增加续驶里程、延长使用寿命、降低运行成本。图 5.1 所示为 PW2306-24S 型电池管理系统。

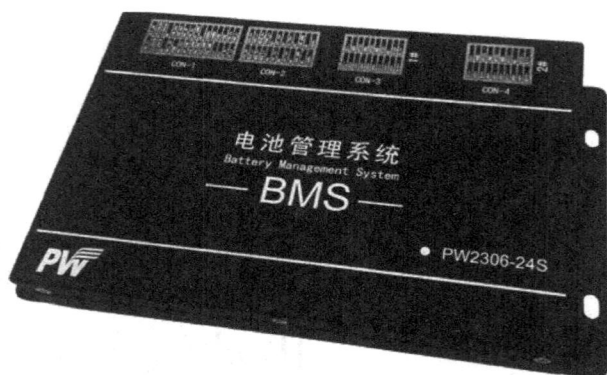

图 5.1　电池管理系统

电池管理系统已经成为电动汽车不可缺少的核心部件之一。它是连接动力电池与电动汽车的唯一纽带,是高效利用电池的关键部件;是整车策略的配合接口,保证车辆的动力性能;是化学能源的电气监控单元,保证动力电池安全高效工作。国外公司 BMS 做得比较好的有联电、大陆、德尔福、AVL 和 FEV 等,现在基本上是按照 AUTOSAR 构架以及 ISO 26262 功能安全的要求来做的,软件功能更多,可靠性和精度也较高。国内很多主机厂也都有自主开发的 BMS 产品并应用。

动力蓄电池管理系统主要由采集模块、主控模块、显示模块和电池均衡控制模块等组成。

(1)采集模块

采集模块主要完成采集电压、电流、温度。

(2)主控模块

主控模块完成对电池组总电压、总电流的检测,并通过 CAN 总线与采集模块、均衡模块、显示模块或车载仪表系统及充电机等通信。

(3)显示模块

用于电池组的状态以及 SOC 等各种参数的显示、操作等,并可保存相关数据。

(4)电池均衡控制模块

当电池箱内电池电压不一致超过规定值时,当充电电流小于一定值后,可对电池进行均衡。

电池管理系统包括电池管理系统控制单元 MCU、电池单体电压和温度信号采集模块(BMU 模块)、总电流及总电压信号采集模块(U 模块)、整车通信模块、高压电安全系统(高压接触器熔断器)及电流均衡模块、热管理系统和检测单元(电流传感器、电压传感器和温度传感器)等。均衡功能包括电池单体电压及温度均衡两个方面,附带有监测并响应碰撞及电池渗漏的功能,当监测到影响安全的信号时,管理系统则立即切断高压电供给。

5.1.2　动力电池管理系统的功能

电池管理系统的功能主要包括:数据采集、电池状态计算、能量管理、安全管理、热管理、均衡控制、通信功能和人机接口。图 5.2 所示为电池管理系统的功能。

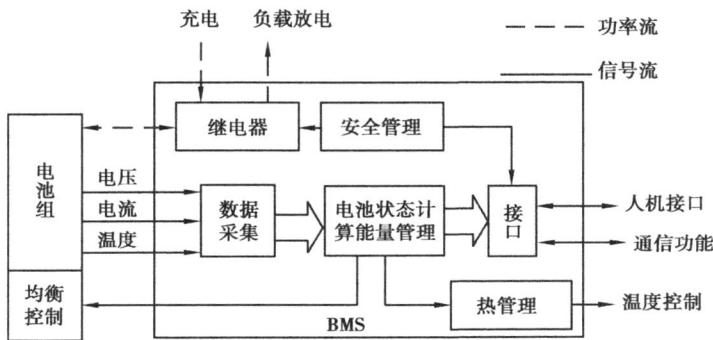

图 5.2　电池管理系统的功能

(1)数据采集

电池管理系统的所有算法均以采集的动力电池数据作为输入,采样速率、精度和前置滤波特性是影响电池系统性能的重要指标。电动汽车电池管理系统的采样速率一般要求大于200 Hz(50 ms)。作为电池管理系统中其他功能的基础与前提,数据采集的精度和速度能够反映电池管理系统的优劣。管理系统的其他功能比如 SOC 状态分析、均衡控制、热管理功能等都是以采集获取的数据为基础进行分析及处理的。

数据采集的对象一般为电压、电流、温度等。

(2)电池状态计算

电池状态计算主要包括电池组荷电状态(State of Charge,SOC)和电池组健康状态(State of Heath,SOH)两方面。SOC 用来提示动力电池组剩余电量,是计算和估计电动汽车续驶里程的基础。SOH 用来提示电池技术状态、预计可用寿命等健康状态的参数。SOC 是防止动力电池过充和过放的主要依据,只有准确估算电池组的 SOC 才能有效提高动力电池组的利用效率、保证电池组的使用寿命。在电动汽车中,准确估算电池 SOC 主要有保护电池、提高整车性能、降低对电池的要求以及提高电池的经济性等作用。

（3）能量管理

能量管理主要包括以电流、电压、温度、SOC 和 SOH 为输入进行充电过程控制，以 SOC、SOH 和温度等参数为条件进行放电功率控制两个部分。

（4）安全管理

安全管理主要用于监视电池电压、电流、温度等是否超过正常范围，防止电池组过充、过放。现在在对电池组进行整组监控的同时，多数电池管理系统已经发展到对极端单体电池进行过充、过放、过温等安全状态管理。

安全管理系统主要有以下功能：烟雾报警、绝缘检测、自动灭火、过电压和过电流控制、过放电控制、防止温度过高、在发生碰撞的情况下关闭电池。

（5）热管理

为了保证电池系统的性能和寿命，动力电池管理系统一般都包含有热管理系统。电池热管理系统是用来确保电池系统工作在适宜温度范围内的一套管理系统，主要由电池箱、传热介质、监测设备等部件构成。电池管理系统在热管理上的主要功能是对电池温度进行准确地测量和监控，在电池组温度过高时有效散热和通风用以保证电池组温度场的均匀分布。在低温的条件下，能够进行快速加热使电池组达到能够正常工作的温度，并在电池工作过程中保持电池单体间温度均衡。

对于大功率放电和高温条件下使用的电池，电池的热管理尤为必要。

（6）均衡控制

电池的一致性差异导致电池组的工作状态由最差电池单体决定。在电池组各个电池之间设置均衡电路，实施均衡控制是为了使各单体电池充放电的工作情况尽量一致，从而提高整体电池组的工作性能。

均衡管理有助于电池容量的保持和放电深度的控制。如果没有对电池进行均衡控制，由于电池管理系统的保护功能设置，就会出现某个电池单体充满电时其他电池单体没有充满或者某个最小电量的单体电池放电截止时其他电池还没有达到放电截止限制的现象。一旦电池出现过充或者过放，电池内部会发生一些不可逆的化学反应导致电池的性质受到影响，从而影响电池的使用寿命。

（7）通信功能

通过电池管理系统实现电池参数和信息与车载设备或非车载设备的通信，为充放电控制、整车控制提供数据是电池管理系统的重要功能之一，根据应用需要，数据交换可采用不同的通信接口，如模拟信号、PWM 信号、CAN 总线或 I2C 串行接口。

（8）人机接口

根据设计需要设置显示信息以及控制按键、旋钮等人机界面。

5.1.3　动力电池管理系统的工作模式

动力电池单体电压和温度信号采集模块（BMU 模块）主要用于采集电池单体的电压及温度信息，通过相应接口传至高压接触器控制及电流均衡模块，经控制策略算法，实现各接触器的动作，从而使动力电池管理系统进入不同的工作模式。动力电池管理系统可工作于下电模式、准备模式、放电模式、充电模式和故障模式 5 种工作模式下。

（1）下电模式

下电模式是指整个系统的低压与高压处于不工作状态的模式。动力电池管理系统控制的所有高压接触器均处于断开状态；低压控制电源也处于不供电的状态。下电模式属于省电模式。

（2）准备模式

准备模式下系统所有的接触器均处于未吸合状态。在该模式下，系统可接受外界的点火开关、整车控制器、电动机控制器、充电插头开关等部件发出的硬线信号或受 CAN 总线报文控制的低压信号来驱动控制各高压接触器，从而使动力蓄电池管理系统进入所需工作模式。

（3）放电模式

动力蓄电池管理系统监测到点火开关的高压上电信号后，系统首先控制进入预充电状态；当预充电容两端电压达到母线电压的 90% 时，立即进入放电模式。

（4）充电模式

当动力电池管理系统检测到充电唤醒信号时，系统即进入充电模式。

在充电模式下,系统不响应点火开关发出的任何指令,充电插头提供的充电唤醒信号可作为充电模式的判定依据。对于磷酸铁锂蓄电池,由于其低温下不具备很好的充电特性,甚至还伴随一定的危险性,因此基于安全考虑,还应在系统进入充电模式之前对系统进行一次温度判别。

当电池温度低于 0 ℃时,系统进入充电预热模式,此时可通过接通直流转换接触器对低压蓄电池进行供电,并为预热装置供电以对电池组进行预热;当电池组内的温度高于 0 ℃时,系统可进入充电模式。

(5)故障模式

故障模式是控制系统中常出现的一种状态。动力电池管理系统对故障的响应还需根据故障等级而定,当其故障级别较低时,系统可采取报错或者发出报警信号的方式告知故障模式驾驶人;而当故障级别较高,甚至伴随危险时,系统将采取断开高压接触器的控制策略。低压蓄电池是整车控制系统的供电来源,无论是处于充电模式、放电模式还是故障模式,直流转换接触器的闭合都可使低压蓄电池处于充电模式,从而保证低压控制系统工作正常。

5.2 动力电池管理系统的参数采集方法

5.2.1 单体电压的采集方法

电池单体电压采集是动力电池组管理系统中的重要一环,其性能好坏或精度高低决定了系统对电池状态信息判断的准确程度,并进一步影响了后续的控制策略能否有效实施。常用的单体电压检测方法有 5 种:

(1)继电器阵列法

组成:端电压传感器、继电器阵列、A/D 转换芯片、光耦、多路模拟开关。

应用特点:适合在所需测量的电池单体电压较高而且对精度要求也较高的场合使用。

图 5.3 所示为基于继电器列阵法的电池电压采集电路原理图。其由端电压传感器、继电器阵列、A/D 转换芯片、光耦、多路模拟开关等组成。如果需要测量 n 块串联成组电池的端电压,就需要将 $n+1$ 根导线引到电池组中各节点。当测量第 m 块电池的端电压时,单片机发出

相应的控制信号,通过多路模拟开关、光耦合继电器驱动电路选通相应的继电器,将第 m 和 $m+1$ 根导线引到 A/D 转换芯片。通常开关器件的电阻都比较小,配合分压电路之后,由于开关器件的电阻所引起的误差几乎可以忽略不计,而且整个电路结构简单,只有分压电阻和模数转换芯片还有电压基准的精度能够影响最终结果的精度,通常电阻和芯片的误差都可以做得很小。所以,在所需要测量的电池单体电压较高而且对精度要求也较高的场合最适合使用继电器阵列法。

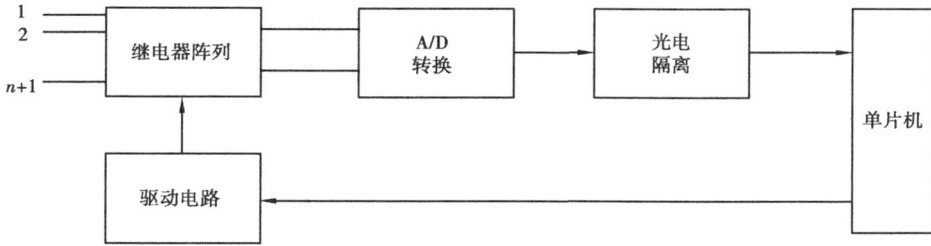

图 5.3　基于继电器列阵法的电池电压采集电路原理图

(2)恒流源法

组成:运算放大器和场效应管组合构成减法运算恒流源电路。

应用特点:结构较简单,共模抑制能力强,采集精度高,具有很好的实用性,恒流源法的基本原理是在不使用转换电阻的前提下,将电池端电压转化为与之呈线性变化关系的电流信号,以此提高系统的抗干扰能力。在串联电池组中,由于电池端电压也就是电池组相邻两节点间的电压差,故要求恒流源电路具有很好的共模抑制能力,一般在设计过程中,多选用集成运算放大器来达到此种目的。出于设计思路和应用场合的不同,恒流源电路会有多种不同形式,图 5.4 所示即为其中一种,它是由运算放大器和绝缘栅型场效应晶体管组合构成的减法运算恒流源电路。

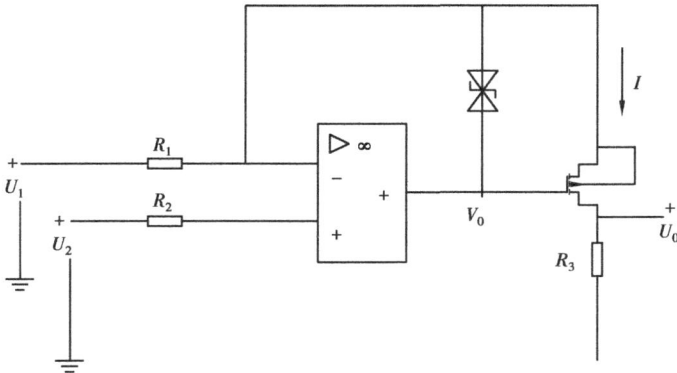

图 5.4　运算放大器和绝缘栅型场效应晶体管组合构成的减法运算恒流源电路

（3）隔离运放采集法

组成：隔离运算放大器、多路选择器等。

应用特点：系统采集精度高，可靠性强，但成本较高。

隔离运算放大器是一种能够对模拟信号进行电气隔离的电子元件，广泛用作工业过程控制中的隔离器和各种电源设备中的隔离介质。一般由输入和输出两部分组成，二者单独供电，并以隔离层划分，信号经输入部分调制处理后经过隔离层，再由输出部分解调复现。隔离运算放大器非常适合应用于电池单体电压采集电路中，它能将输入的电池端电压信号与电路隔离，从而避免外界干扰而使系统采集精度提高，可靠性增强。

图 5.5 所示为隔离运算放大器在 600 V 动力电池组管理系统中的应用，其中共有 50 块额定电压为 12 V 的水平铅酸电池，其端电压被隔离运放电路逐一采集。ISO 122 是美国 BB 公司采用滞回调制-解调技术设计的隔离放大器，采用精密电容耦合技术和常规的双列式 DP 封装技术。ISO 122 的输入和输出部分分别位于壳体两边，中间用两个匹配的 1 pF 电容形成隔离层，其额定隔离电压大于 1 500 V（交流 60 Hz 连续），隔离阻抗大，并且具有高的增益精度和线性度，从而满足了实际应用要求。从图 5.5 中不难发现，ISO 122 的输入部分电源就取自动力电池组中，输出部分电源则出自电路板上的供电模块，电池端电压经两个高精密电阻分压后输入运放，与之呈线性关系的输出信号经多路复用器后交单片机控制电路处理。需要说明，在第 50 块电池的端电压采集电路中，一个反向器被加在隔离运放电路后，用于将输出信号由负变为正。还应指出，隔离运放采集电路虽然性能优越，但是较高的成本影响了其广泛应用。

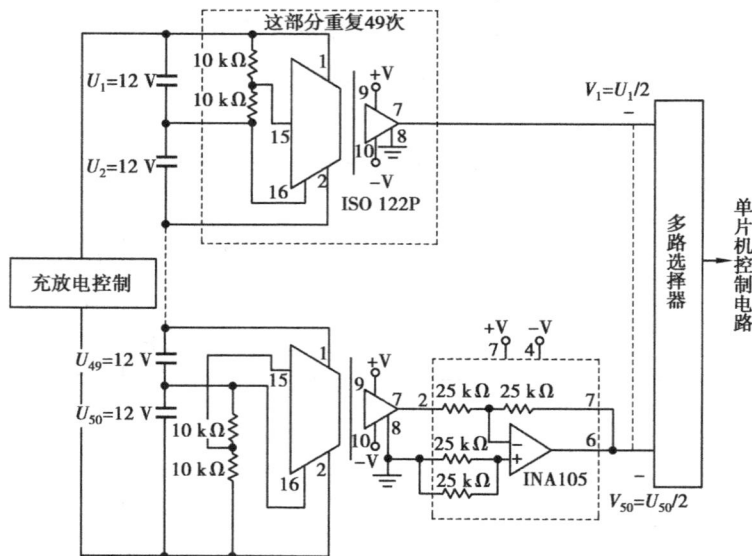

图 5.5　隔离运算放大器在 600 V 动力电池组管理系统中的应用

（4）压/频转换电路采集法

组成：压/频转换器、选择电路和运算放大电路。

应用特点：压控振荡器中含有电容器，电容器的相对误差一般都比较大，而且电容越大相对误差也越大。

当利用压频转换电路实现电池单体电压采集功能时，压/频变换器的应用是关键，它是把电压信号转换为频率信号的元件，具有良好的精度线性度和积分输入等特点。

图 5.6 所示为压/频转换器 LM331 用作高精度压/频转换的电路原理图，LM331 是美国 FS 公司生产的高性价比集成芯片，它采用了新的温度补偿能隙基准电路，在整个工作温度范围以内和电源电压低到 4.0 V 时都有极高的精度。

该采集方法中，电压信号直接被转换为频率信号，随即就可以进入单片机的计数器端口进行处理，而不需 AD 转换。此外，为了配合压/频转换电路在电池单体电压采集系统中的应用，相应的选择电路和运算放大电路也需加以设计，以实现多路采集的功能。这种方法所涉及的元件比较少，但是压控振荡器中含有电容器，而电容器的相对误差一般都比较大，而且电容越大相对误差也越大。

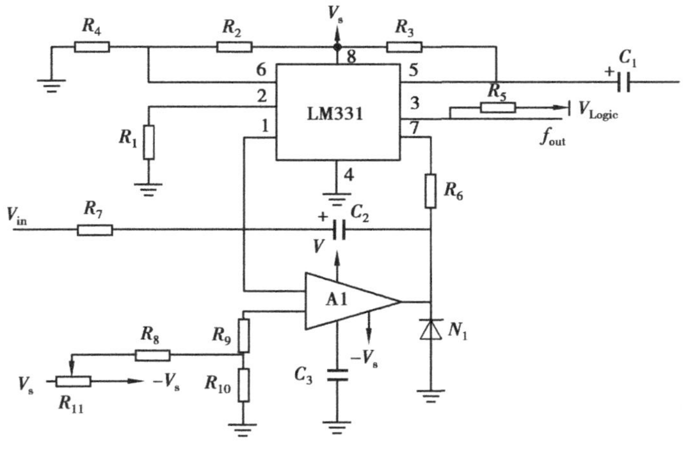

图 5.6　压/频转换器 LM331 用作高精度压/频转换的电路原理图

（5）线性光耦合放大电路采集法

应用特点：线性光耦合放大电路不仅具有很强的隔离能力和抗干扰能力，还具有使模拟信号在传输过程中保持较好线性度的特性，但电路相对较复杂，精度影响因素较多。

基于线性光耦合器件的电池单体电压采集电路实现了信号采集端和处理端之间的隔离，从而提高了电路的稳定性与抗干扰能力。图 5.7 所示为线性光耦元件 TIL300 由一个利用红

外 LED 照射而分叉配置的隔离反馈光二极管和一个输出光二极管组成,并采用特殊工艺技术
来补偿 LED 时间和温度特性的非线性,使输出信号与 LED 发出的伺服光通量呈线性比例。
TIL300 具有 3 500 V 的峰值隔离度,带宽大于 200 kHz,适合直流与交流信号的隔离放大,并
且输出增益稳定度为 ±0.05%/℃。基于线性光耦合放大电路的应用特点,可将其与继电器
阵列或选通电路配合应用于多路采集系统中,但其电路相对较复杂,影响精度的因素较多。

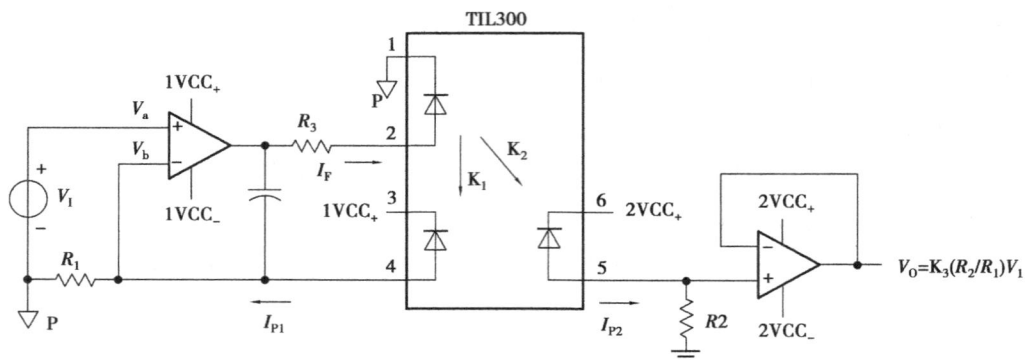

图 5.7　基于线性光耦合元件 TIL300 的电池单体电压采集电路原理图

5.2.2　动力电池温度的采集方法

电池的工作温度不仅影响电池的性能,而且直接关系电动汽车使用的安全问题,因此准
确采集温度参数显得尤为重要。采集温度的关键是选择合适的温度传感器。目前使用的温
度传感器有热敏电阻、热电偶、集成温度传感器等。

(1)热敏电阻采集法

原理:利用热敏电阻的阻值随温度的变化而变化的特性,用一个定值电阻和热敏电阻串
联起来构成一个分压器,从而把温度的高低转化为电压信号,再通过模数转换得到温度的数
字信息。

特点:热敏电阻成本低,但线性度不好,制造误差一般也比较大。

图 5.8 所示为热敏电阻。

(2)热电偶采集法

原理:采集双金属体在不同温度下产生不同的热电动势,再通过查表得到温度值。

特点:由于热电动势的值仅和材料有关,所以热电偶的准确度很高。但是由于热电动势
都是毫伏等级的信号,所以需要放大,外部电路比较复杂。一般来说金属的熔点都比较高,所

以热电偶一般都用于高温的测量。图 5.9 所示为热电偶。

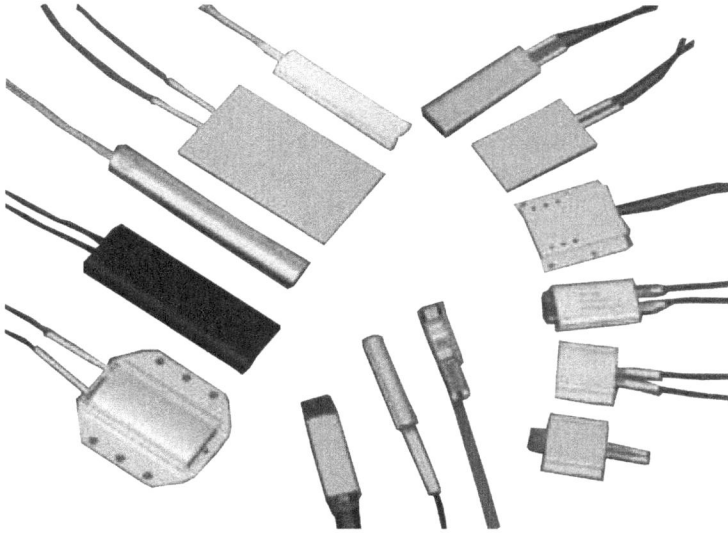

图 5.8　热敏电阻

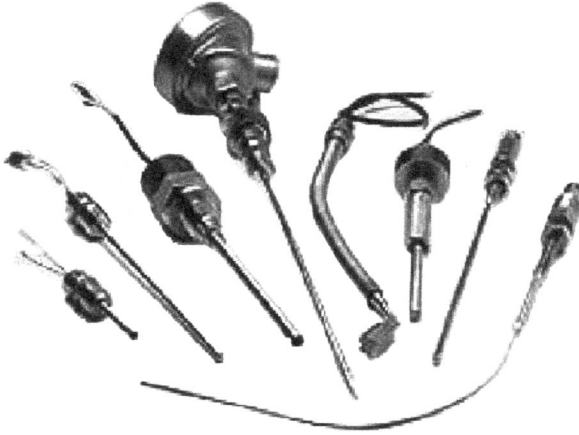

图 5.9　热电偶

（3）集成温度传感器采集法

由于温度的测量在日常生产、生活中用得越来越多,所以半导体生产商们都推出了很多集成温度传感器。这些温度传感器虽然很多都基于热敏电阻,但在生产的过程中进行了校正,所以精度可以媲美热电偶,而且直接输出数字量,很适合在数字系统中使用。图 5.10 所示为温度传感器。

图 5.10　温度传感器 AD590

5.2.3　动力电池工作电流采集方法

电流作为动力电池管理过程中的一个重要参数,电流的采集方案影响系统成本、采集精度,而采集精度直接影响 SOC 的精度、电池系统的保护等,间接影响车辆的续驶里程和用户体验。动力电池系统状态监测,主要监测电压、电流和温度。其中,电流检测是电池荷电状态评估的基础;是电池安全保护的重要参考依据;是电池能量管控的关键参数。因此,动力电池系统的电流检测是电池管理系统的关键功能,需要较高的性能和可靠性要求。

电流检测技术按照原理可以分为直接式电流采集和间接式电流采集技术,实际上对应基于分流器方案和开环霍尔方案。这两种方案是当前动力电池系统最常用的两种方案,混合动力和纯电动乘用车常用分流器方案,商用车动力电池系统较为常用开环霍尔方案。

(1)分流器方案

分流器检测传感器,相对起步较晚,但其自身结构形式、大动态、高精度、稳定性等特点在电动汽车领域也得到了快速的普及。分流器的原理是在母线回路中串联微欧级别的电阻,通过测量压降的形式,依据欧姆定律计算电流的大小。

1)分流器方案的优势

响应时间快、精度高、线性度高、小电流采集也能确保精度、可以和总压做到很高的同步性。

2）分流器方案的缺点

不隔离、对接口电路设计要求高、需要标定校准、需要考虑大电流温升带来的影响等。

（2）开环霍尔方案

霍尔电流传感器具有丰富的产品家族，在高电压、大电流场景下应用极为广泛。开环霍尔方案的原理是采用霍尔器件之间检测原边导体中电流产生的磁场，经过线性放大之后输出电压信号，通过霍尔感应度特性的输出电压换算出电流的大小。

1）霍尔方案的优势

器件本身隔离、结构紧凑、体积小、功率损耗低、接口电路简单、无需校准。

2）霍尔方案的缺点

响应时间慢、精度低、线性度差。

（3）互感器方案

互感器方案只能用于交流电流测量。通过开孔、导线传入，插入无损耗。价格低且使用简单，普及率高。

（4）光纤传感器方案

光纤传感器可以测量直流电流和交流电流，插入无损耗。不过光纤传感器价格昂贵，使其在控制领域的应用受到影响，普及率不高。

5.3　动力电池电量管理

电池电量管理是电池管理的核心内容之一，对于整个电池状态的控制、电动车辆续驶里程的预测和估计具有重要的意义。

5.3.1　精确估计 SOC 的作用及影响因素

SOC 是防止动力电池过充和过放的主要依据，只有准确估算电池组的 SOC，才能有效地提高动力电池组的利用效率，保证电池组的使用寿命。在电动汽车中，准确估算蓄电池 SOC 的作用包括以下 4 点：

（1）保护蓄电池

对于蓄电池而言,过充电和过放电都可能对蓄电池造成永久性的损害,严重缩短电池的使用寿命。如果可以提供准确的 SOC 值,整车控制策略可以将 SOC 控制在一定的范围之内（如 20% ~ 80%）,起到防止对电池过充电或过放电的作用,从而保证电池的正常使用,延长电池的使用寿命。

（2）提高整车性能

在没有提供准确的 SOC 值情况下,为了保证电池的安全使用,整车控制策略需要保守地使用电池,防止电池出现过充电和过放电的情况,这样不能充分发挥电池的性能,从而降低了整车的性能。

（3）降低对动力电池的要求

准确估算 SOC,可使电池性能得到充分的使用,降低对动力电池性能的要求。在 SOC 估算准确的前提下,电池的性能可以被充分使用。选用电池时,针对电池性能设计的余量可以大大减小。例如,在准确估算 SOC 的前提下,只需要使用容量为 40 A·h 的动力电池组。如果不能提供准确的 SOC 值,为了保证整车的性能和可靠性,可能需要选择 60 A·h 甚至更高容量的动力电池组。

（4）提高经济性

选择较低容量的动力电池组可以降低整车的制造成本。同时,由于提高了系统的可靠性,后期的维护成本也大大降低。

由于 SOC 的非线性,并且受到多种因素的影响,导致电池电量估计和预测方法复杂,准确估计 SOC 比较困难。

电池 SOC 估算精度的影响因素主要有以下 5 个方面:

（1）充放电电流

充放电电流相对于额定充放电工况,动力电池一般表现为大电流可充放电容量低于额定容量,小电流可充放电容量大于额定容量。

（2）温度

不同温度下电池组的容量存在着一定的变化,温度段的选择及校正因素直接影响电池性能和可用电量。

（3）电池容量衰减

电池容量在循环过程中会逐渐减少。因此,对电量的校正条件就需要不断地改变,这也是影响模型精度的一个重要因素。

（4）自放电

电池内部的化学反应会产生自放电现象,使其在放置时电量发生损失。自放电的大小主要与环境温度有关,需要按实验数据进行修正。

（5）一致性

电池组的建模和容量估算与单体电池有一定的区别,电池组的一致性差别对电量的估算有重要的影响。电池组的电量是按照总体电池的电压来估算和校正的,如果电池差异较大,将导致估算的精度误差很大。

5.3.2　SOC 估计常用的算法

（1）开路电压法

开路电压法是根据电池的开路电压（Open Circuit Voltage,OCV）与电池内部锂离子浓度之间的变化关系,间接地拟合出它与电池 SOC 之间的一一对应关系。在进行实际操作时,需要将电池充满电量后以固定的放电倍率（一般取 $1C$）进行放电,直到电池的截止电压时停止放电,根据该放电过程获得 OCV 与 SOC 之间的关系曲线。当电池处于实际工作状态时便能根据电池两端的电压值,通过查找 OCV-SOC 关系表得到当前的电池 SOC。开路电压法与放电试验法一样,并不适用于运行中的电池 SOC 估算。图 5.11 所示为某动力电池组电压与容量的关系。

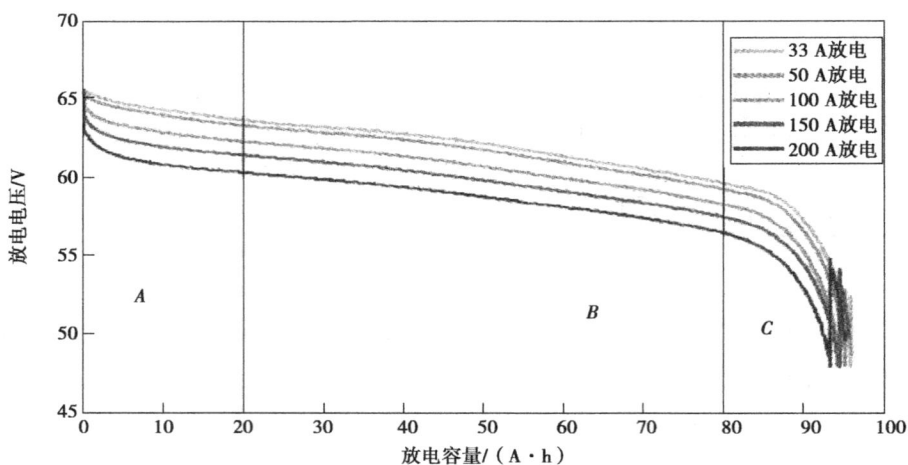

图 5.11　某动力电池组电压与容量的关系

（2）容量积分法

容量积分法是通过对单位时间内,流入流出电池组的电量进行累积,从而获得电池组每一轮放电能够放出的电量,确定电池 SOC 的变化。

$$SOC = \frac{Q_M - \int_0^t i\,dt}{Q_M} \tag{5.1}$$

（3）电池内阻法

电池内阻有交流内阻（常称交流阻抗）和直流内阻之分,它们都与 SOC 有密切关系。准确测量电池单体内阻比较困难,这是直流内阻法的缺点。在某些电池管理系统中,通常将内阻法与 Ah 计量法组合使用来提高 SOC 估算的精度。

（4）模糊逻辑推理和神经网络法

模糊逻辑接近人的形象思维方式,擅长定性分析和推理,具有较强的自然语言处理能力;神经网络采用分布式存储信息,具有很好的自组织、自学习能力。神经网络法适用于各种电池,其缺点是需要大量的参考数据进行训练,估计误差受训练数据和训练方法的影响很大。它们的共同特点是:均采用并行处理结构,可从系统的输入、输出样本中获得系统输入输出关系。

神经网络法是模拟人脑及其神经元用以处理非线性系统的新型算法,无须深入研究电池的内部结构,只须提前从目标电池中提取出大量符合其工作特性的输入与输出样本,并将其输入使用该方法所建立的系统中,就能获得运行中的 SOC 值。该方法后期处理相对简单,即能有效避免卡尔曼滤波法中需要将电池模型做线性化处理后带来的误差,又能实时地获取电池的动态参数。但是神经网络法的前期工作量比较大,需要提取大量且全面的目标样本数据对系统进行训练,所输入的训练数据和训练的方式方法在很大程度上都会影响 SOC 的估计精度。此外,在电池温度、自放电率和电池老化程度不统一等因素的复杂作用下,长期使用该方法估算同一组电池的 SOC 值,其准确性也会大打折扣。因此,在动力电池的 SOC 估算工作中该方法并不多见。

(5)卡尔曼滤波法

卡尔曼滤波法的核心思想是对动力系统的状态做出最小方差意义上的最优估算。其适用于各种电池,不仅可以给出 SOC 的估计值,还可以给出 SOC 的估计误差。其缺点是电池 SOC 估计精度越高,电池模型越复杂,涉及矩阵运算越多,工程上越难以实现。另外,该方法对于温度、自放电率以及放电倍率对容量的影响考虑得不够全面。

卡尔曼滤波法是美国数学家卡尔曼(R. E. Kalman)在 20 世纪 60 年代初发表的论文《线性滤波和预测理论的新成果》中提出的一种新型最优化自回归数据滤波算法。该算法的本质在于可以根据最小均方差原则,对复杂动态系统的状态做出最优化估计。非线性的动态系统在卡尔曼滤波法中会被线性化成系统的状态空间模型,在实际应用时系统根据前一时刻的估算值与当前时刻的观测值对需要求取的状态变量进行更新,遵循"预测—实测—修正"的模式,消除系统随机存在的偏差与干扰。使用卡尔曼滤波法估算动力电池的 SOC 时,电池以动力系统的形式被转化为状态空间模型,SOC 则变成为该模型内部的一个状态变量。建立的系统是一个线性离散系统。

卡尔曼滤波法不仅能够修正系统初始误差,还能有效地抑制系统噪声,因此在运行工况非常复杂的电动汽车动力电池的 SOC 估算中具有显著的应用价值。不过该方法同样存在两个缺陷:其一,卡尔曼滤波法估算 SOC 的精度很大程度上取决于电池模型的准确程度,工作特性本身就呈高度非线性化的动力电池,在卡尔曼滤波法中经过线性化处理后难免存在误差,如果模型建立得不够准确,其估算的结果也并不一定可靠;其二,该方法涉及的算法非常复杂,计算量极大,所需要的计算周期较长,并且对硬件性能要求苛刻。

(6)放电试验法

放电试验法是将目标电池进行持续的恒流放电直到达到电池的截止电压,将此放电过程所用的时间乘以放电电流值,即作为电池的剩余容量。该方法一般作为电池 SOC 估算的标定方法或者用在蓄电池的后期维护工作上,在不知道电池 SOC 值的情况下采用此方法,相对简单、可靠,并且结果也比较准确,同时对不同种类的蓄电池都有效。

5.4　动力电池均衡管理

由于受生产工艺不稳定等"先天"因素和使用环境不一致等"后天"因素的影响,电池组内的各个单体电池总存在一定程度的不一致性(容量、能量、电压等不一致)。单体电池的不一致会随着时间的推移,在温度以及振动条件等随机因素的影响下进一步恶化,使参数向离散化方向发展。电池的均衡控制管理,是指采取一定的措施尽可能降低电池不一致性的负面影响,达到优化电池组整体放电效能,延长电池组整体寿命的效果。

5.4.1　均衡系统分类

电动汽车电池均衡控制的方法多种多样,新方法层出不穷,对这些均衡控制管理的方法进行分类是比较困难的,因为采用不同的分类标准将导致不同的分类结果。均衡方案的分类没有绝对的标准,按不同分类标准划分的各个方法之间也没有明显的界线。同样的一种方法按照"是否保护电荷"的标准属于"非耗散型均衡",而按"作用过程"来分则又可以被称作"充电均衡"。各个方法之间也没有绝对的优胜者,应根据实际需求及成本预算等多方面因素选择最合适的方案。而非耗散型均衡、双向均衡等是未来高性能均衡方案的主流。

(1)能量耗散型均衡与非耗散型均衡

按在均衡过程中,是否尝试对电池组的能量进行保护,可以将均衡控制方案分为耗散型均衡和非耗散型均衡两种。

1)能量耗散型均衡

能量耗散型均衡方案是指利用并联电阻等方式将电池组中荷电状态较多的电池的能量消耗掉,直到与组内其他电池达到均衡。该方法的实现过程如下:定时检测各个单体电池的电压,当某些单体电池的电压超过电池组平均电压时;接通这些高能电池的并联电阻,使它们的一部分能量消耗在并联电阻上,直到它们的电压值等于电池组平均电压。耗散型均衡方案控制逻辑简单,硬件上容易实现,成本较低,是早期均衡控制最常用的方案。但是,这种方法是以消耗电池组的部分能量为实施手段的。另外,电阻耗能的同时会发热,对于电动汽车而言,存在通风不好导致过热的安全隐患。

2）能量非耗散型均衡

能量非耗散型均衡（也称作无损均衡）是指利用中间储能元件和一系列的开关元件，将电池组中荷电状态较高的电池的能量转移到荷电状态较低的电池中去，以达到均衡目的的方案。非耗散型均衡方案用到的中间储能元件一般有电容和电感两种。非耗散型均衡正好可以弥补耗散型均衡的缺点，但它也存在着控制逻辑电路复杂等方面的缺点。

需要指出的是，非耗散型均衡只是在均衡控制策略的制订上尽可能保留电动汽车电池中已有的电荷及能量，但由于器件损耗，非耗散型均衡并不能做到真正的无损。然而，不管怎样，同样的初始状态，采用非耗散型均衡的总体能耗要比耗散型均衡策略要小，因此非耗散型均衡是未来发展的主流。

（2）集中式均衡与分布式均衡

按均衡电路的拓扑结构分类，可以分为集中式均衡方案和分布式均衡方案。集中式均衡方案是指整个电池组共用一个均衡器，通过逆变分压等技术对电池组能量进行分配，以实现单体电池与电池组之间能量传递的能量均衡方式。与之对应，分布式均衡方案中，均衡模块是由个别电池所专用。

集中式均衡方案能迅速地集整个电池包之力为待均衡的个别电池转移能量，所配置的公用均衡器的性能较好，故均衡速度较快。从整体来说，集中式均衡模块的体积比分散式（总和）更小；但是集中式均衡方案中各个电池之间形成竞争关系，多个电池的均衡操作不能并行地进行，而且各电动汽车电池与均衡器之间需要大量的线束连接，因此集中式均衡方案不太适用于电池数量较大的电池组。

（3）放电均衡、充电均衡与双向均衡

按照均衡的作用过程不同，可将均衡控制管理分为放电均衡、充电均衡和双向均衡。

1）放电均衡

放电均衡方式是指在放电过程中实现各个单体电池间的均衡，以保证放电过程中能够将电池组中每个电池的剩余容量放至 0，而不会出现有的电池已放电完全而有的电池尚有电量的情况。放电完全之后，用恒定电流以串联充电的方式对电池组进行充电，直到电池组中有任何一个电池的剩余容量达到 100% 时结束充电。

放电均衡方式可以保证每一次充进电池的电量都可以完全释放出来。但是在充电过程中，根据木桶原理，只能以最小容量的电池为截止上限，因此在充电过程中就并不能完全利用电池组的容量。放电均衡的缺点是能量损耗过多，不便于在任何时候都开始进行（例如在电池剩余容量还比较多的情况下，进行放电均衡代价过大）；而且，放电均衡需要把电池剩余容量放空,从而提高了放电深度,有可能影响电池的循环寿命。

2)充电均衡

充电均衡方式是指在电动汽车电池充电过程中采用上对齐均衡充电方式实现各个单体电池间的均衡,以保证充电过程中能够将电池组中每个电池的容量都充至100%。充电均衡方式可以保证每一个单体电池的实际容量在充电过程中都发挥出功效。但是,充电均衡方式对放电过程没有做任何控制,其放电过程满足木桶原理,整个电池组的放电容量取决于容量最小的电池。与放电均衡相反,充电均衡对于在电池组处于任何荷电状态前提下都适用。

3)双向均衡

双向均衡方案综合了放电均衡方案和充电均衡方案两者的优点,在充电和放电过程中都引入均衡控制。既能保证每一个电池都能放电到 SOC 为 0,又能保证每一个电池都充电到 SOC 为 100%。由于加入了放电均衡过程,这种方案同样存在能量损耗过多,容易损害电池等问题,然而这种方法有利于对电池的最大容量进行评估(即有助于得到每个电池的最大容量),可以在对电动汽车进行保养的过程中,利用这种方法来对电池的健康状况进行诊断。

5.4.2 能量耗散型均衡管理

能量耗散型均衡管理主要通过令电池组中能量较高的电池利用其旁路电阻进行放电的方式损耗部分能量,以期达到电池组能量状态的一致。

(1)能量耗散型均衡管理的特点

①通过单体电池的并联电阻进行充电分流从而实现均衡。

②电路结构简单,均衡过程一般在充电过程中完成。

③由于均衡电阻在分流的过程中不仅消耗了能量,而且还会由于电阻的发热引起电路的热管理问题。

④只适合在静态均衡中使用,其高温升等特点降低了系统的可靠性,不适用于动态均衡。

⑤仅适合于小型电池组或者容量较小的电池组。

(2)恒定分流电阻均衡充电电路

①每个电池单体上都始终并联一个分流电阻。

②可靠性高,分流电阻的值大,通过固定分流来减小由于自放电导致的单体电池差异。

③无论电池充电还是放电过程,分流电阻始终消耗功率,能量损失大。

④一般在能够及时补充能量的场合适用。

（3）开关控制分流电阻均衡充电电路

①工作在充电期间,可以对充电时单体电池电压偏高者进行分流,分流电阻通过开关控制。

②当单体电池电压达到截止电压时,阻止其过充并将多余的能量转化成热能。

③由于均衡时间的限制,导致分流时产生的大量热量需要及时通过热管理系统耗散,尤其在容量比较大的电池组中更加明显。

5.4.3　能量非耗散型均衡管理

利用储能元件和均衡旁路构建能量传递通道,将其从能量较高电池直接或间接转移至能量较低的电池。可以分为能量转换式均衡和能量转移式均衡。

（1）能量转换式均衡

能量转换式均衡是通过开关信号,将电池组整体能量对单体电池进行能量补充,或者将单体电池能量向整体电池组进行能量转换。其中单体能量向整体能量转换,一般都是在电池组充电过程中进行,电路如图 5.12 所示。该电路是检测各个单体电池的电压值,当单体电池电压达到一定值时,均衡模块开始工作。把单体电池中的充电电流进行分流从而降低充电电

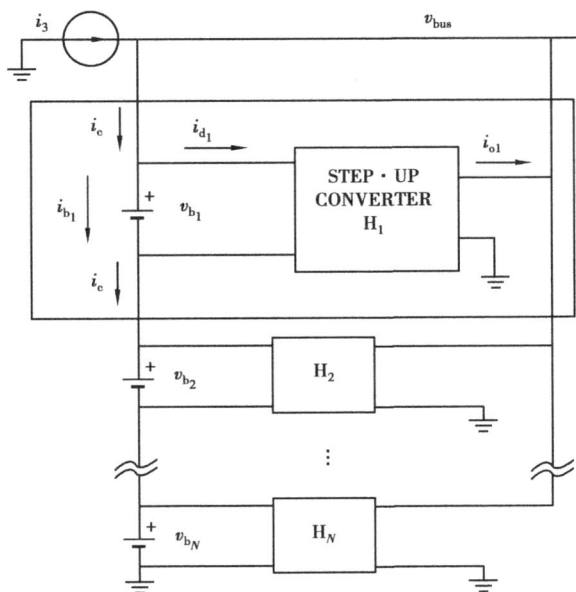

图 5.12　单体电压向整体电压转换方式

压,分出的电流经模块转换把能量反馈回充电总线,达到均衡的目的。还有的能量转换式均衡可以通过续流电感完成单体到电池组的能量转换。

电池组整体能量向单体转换,电路如图5.13所示。这种方式也称为补充式均衡,即在充电过程,首先通过主充电模块对电池组进行充电,电压检测电路对每个单体电池进行监控。当任一单体电池的电压过高,主充电电路就会关闭,然后补充式均衡充电模块开始对电池组充电。通过优化设计,均衡模块中充电电压经过一个独立的变换器和一个同轴线圈变压器,给每个单体电池上增加相同的次级绕组。这样,单体电压高的电池从辅助充电电路上得到的能量少,而单体电压低的电池从辅助充电器上得到的能量多,从而达到均衡的目的。此方式的问题在于次级绕组的一致性难以控制,即使次级绕组匝数完全相同,考虑变压器漏感以及次级绕组之间的互感,单体电池也不一定获得相同的充电电压。同时,同轴线圈也存在一定的能量耗散,并且这种方式的均衡只有充电均衡,对放电状态的不均衡无法起作用。

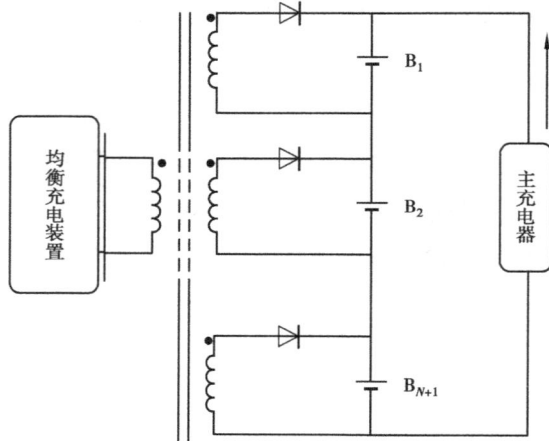

图5.13 补充式均衡示意图

能量转换式电路是一种通过开关电源来实现能量变换的电路。相对于能量转移式均衡电路来说,它的电路复杂程度降低了很多,成本也降低了。但对同轴线圈,由于绕组到各单体之间的导线长度和形状不同,变压比有差异,导致对每个单体电池均衡的不一致,有均衡误差。另外,同轴线圈本身由于电磁泄漏等问题,也消耗了一定的能量。

(2)能量转移式均衡

能量转移式均衡是利用电感或电容等储能元件,把能量从电池组中容量高的单体电池,通过储能元件转移到容量比较低的电池上。该电路是通过切换电容开关传递相邻电池间的能量,从而达到均衡的目的。另外,也可以通过电感储能的方式,对相邻电池进行双向传递。此电路的能量损耗很小,但是均衡过程中必须有多次传输,均衡过程时间长,不适于多串的电池组。改进的电容开关均衡方式,可通过选择最高电压单体与最低电压单体电池间进行能量转移,从而使均衡速度增快。能量转移式均衡中能量的判断以及开关电路的实现较困难。

能量转移式均衡是一种电池容量补偿的方法,就是从容量高的电池取出一些电量来补偿容量低的电池。这个方法虽然可行,但是由于在实际电路中需要对各个单体电池电压进行检测判断,电路会很复杂,且体积大、成本高。另外,能量的转移是通过一个储能媒介来实现的,存在一定的消耗及控制问题。该均衡方式一般应用于中大型电池组中。

利用电感或电容等储能元件,把电池组中容量高的单体电池,通过储能元件转移到容量较低的电池上。图5.14 所示为能量转移式均衡原理图。

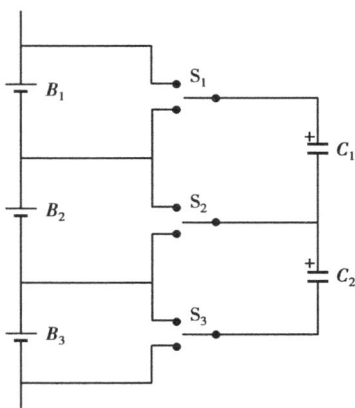

图 5.14　能量转移式均衡

5.5　动力电池热管理

电池热管理系统(Battery Thermal Management System,BTMS)是电池管理系统(BMS)的主要功能之一,通过导热介质、测控单元以及温控设备构成闭环调节系统,使动力电池工作在合适的温度范围之内,以维持其最佳的使用状态,用以保证电池系统的性能和寿命。

动力电池在充放电过程中本身会产生一定热量,导致温度上升,进而影响电池的很多工作特性参数,如内阻、电压、SOC、可用容量、充放电效率和电池寿命。图 5.15 所示为充电过程中环境温度对电池电量的影响,图 5.16 所示为温度对充电电压的影响,图 5.17 所示为温度对充放电次数的影响。

过高或过低的温度都将直接影响动力电池的使用寿命和性能,并有可能导致电池系统的安全问题。以锂离子电池为例,电池的温度水平直接影响其使用中的能量与功率性能。温度较低时电池的可用容量将迅速发生衰减;在过低温度下对电池进行充电,可能引发瞬间的电压过充现象,造成内部析锂并进而引发短路。生产制造环节的缺陷或使用过程中的不当操作等可能造成电池局部过热,进而引起连锁放热反应,最终造成冒烟、起火甚至爆炸等严重的热失控事件,威胁车辆驾乘人员的生命安全。因此电池热管理系统对电动车辆动力电池系统而言是必需的。可靠、高效的热管理系统对电动车辆的可靠安全应用意义重大。

温度对电量的影响/%

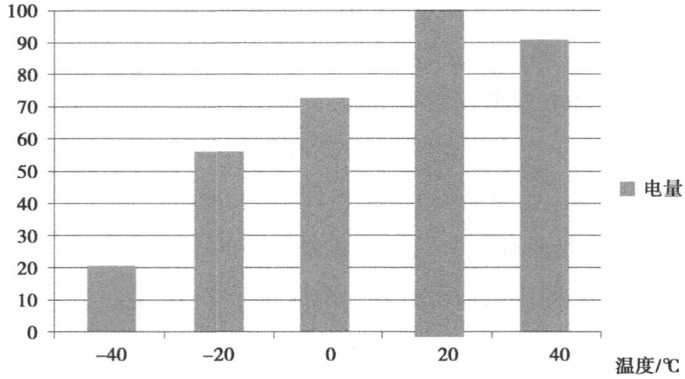

图 5.15　充电过程中环境温度对电池电量的影响

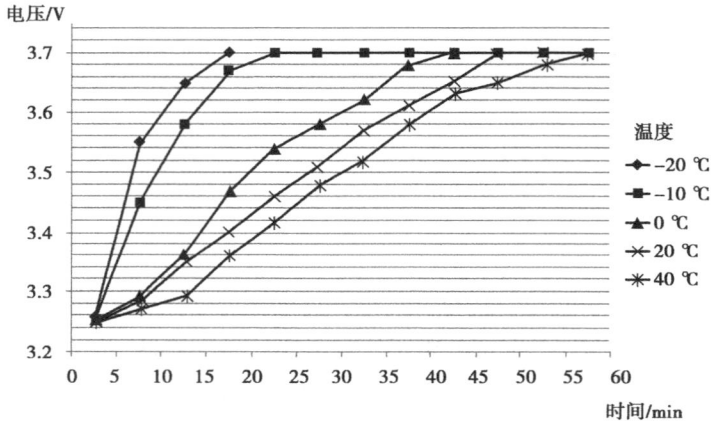

图 5.16　温度对充电电压的影响

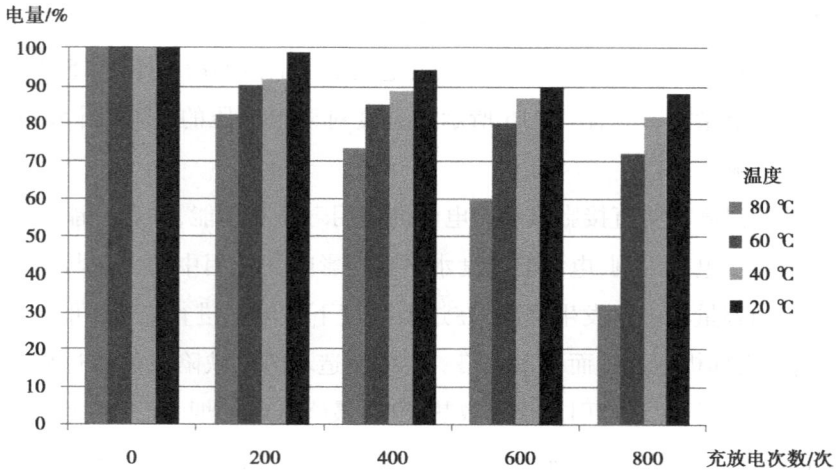

图 5.17　温度对充放电次数的影响

5.5.1　动力电池热管理系统的功能

动力电池热管理系统是一套管理系统,用来保证电池系统在适当的温度范围内工作,它主要由导热介质、测控单元和温控设备组成。在热传导介质与电池组接触后,电池系统中产生的热量通过介质的流动散失到外部环境中。

电池热管理系统的主要功能有:

1)电池温度的准确测量和监控

2)电池组温度过高时有效散热和通风

在电池温度较高时进行有效散热,防止产生热失控事故。

3)低温条件下的快速加热

在电池温度较低时,提升电池温度,确保低温下电池的充、放电性能和安全性。

4)有害气体产生时的有效通风

5)保证电池组温度场的均匀分布

减小电池组内的温度差异,抑制局部热区形成,防止高温位置处电池过快衰减,延长电池组整体寿命。

5.5.2　动力电池内传热的基本方式

动力电池内热传递方式主要有热传导、热对流和热辐射 3 种方式。对于单体电池内部而言,热辐射和热对流的影响很小,热量传递主要是由热传导决定的。电池自身吸热的大小与其材料的比热容有关,比热容越大,散热越多,电池的温升越小。如果散热量大于或等于产生的热量,则电池温度不会升高。如果散热量小于所产生的热量,热量将会在电池体内产生热积累,电池温度升高。

(1)热传导

热传导是介质内无宏观运动时的传热现象,指物质与物体直接接触而产生的热传递。其在固体、液体和气体中均可发生,但严格而言,只有在固体中才是纯粹的热传导,而流体即使处于静止状态,其中也会由于温度梯度所造成的密度差而产生自然对流,因此,在流体中热对流与热传导同时发生。电池内部的电极、电解液、集流体等都是热传导介质,而将电池作为整体,电池和环境界面层的温度和环境热传导性质决定了环境中的热传导。

（2）热对流

热对流是指流体流经固体时流体与固体表面之间的热量传递现象。热对流是依靠流体质点的移动进行热量传递的,与流体的流动情况密切相关。电池内的热对流是指电池表面的热量通过环境介质(一般为流体)的流动交换热量,和温差成正比。

（3）热辐射

热辐射是指两个温度不同且互不接触的物体之间通过电磁波进行的换热过程,这种在物体表面之间由辐射与吸收综合作用下完成的热量传递是传热学的重要研究内容之一,自然界中的各个物体都在不停地向空间散发出辐射热,同时又在不停地吸收其他物体散发出的辐射热。电池内的热辐射主要发生在电池表面,与电池表面材料的性质相关。

5.5.3 动力电池的冷却系统

动力电池在充放电的过程中会产生一定热量,从而导致温度上升,温度升高会影响电池的很多特性参数,如内阻、电压、可用容量、放电效率和电池寿命等。为了尽可能延长动力电池的使用寿命并获得最大功率,需要在规定温度范围内使用电池,这就涉及动力电池的冷却系统。动力电池冷却系统性能的好坏会直接影响电池的效率,同时也会影响电池的寿命和使用安全。

目前新能源汽车动力电池系统的热管理主要可分为四类:自然冷却、风冷、液冷和直冷,其中自然冷却是被动式的热管理方式,风冷、液冷和直冷是主动式的热管理方式,三者的主要区别在于换热介质的不同。

（1）自然冷却

自然冷却没有额外的装置进行换热,通俗的讲就是靠自然风吹,例如比亚迪秦、唐以及腾势等采用 LFP 电芯的车型上都采用了自然冷却。自然冷却的优势是结构简单、成本低、占用空间较小。缺点也比较明显:散热效率低、无法适应大功率充放电的冷却需求,一般只用于运行工况缓和、对成本敏感的电动汽车。

（2）风冷

风冷是目前电动汽车电池散热系统中应用最广泛的散热方法。风冷采用空气作为换热介质，原理是利用散热风扇将来自车厢内部的空气吸入动力电池箱，以冷却动力电池以及动力电池的控制单元等部件。强制气流可以通过风扇产生，也可以利用汽车行进过程中的迎面风或者压缩空气等产生。

日本丰田公司的混合动力电动汽车 Prius 和本田公司的 Insight 都采用了风冷的形式，尼桑、通用等汽车公司研制的热管理系统也采用过强制风冷形式。国内各种类型的电动车用电源系统基本上也是采用风冷系统。风冷方式的优点是质量相对较小，没有发生漏液的可能，有害气体产生时能有效通风，成本较低。缺点在于其与电池表面之间的热交换系数低，冷却、加热速度慢，电池箱内部温度均匀性不容易控制，电池箱的密封设计较难，防尘、防水效果较差。

影响风冷散热的主要因素有：

1）单体电池性能

电池的产热率、能量效率、容量和性能等要基本保持一致，否则，即使开始使用时，电池组温度均匀性非常好，但随着使用时间的增长，电池间的差异也会变得越来越大，从而造成温度场的不均匀性逐渐扩大。

2）进、出风口位置

进、出风口位置对电池组的流场起着至关重要的作用。位置设置不当，直接影响整个流场的分布，温度均匀性不理想。风机是用来向电池组内鼓风，还是从电动汽车电池组内部引风，对电池箱内流场也会有很大影响。

3）风机

要选好风机的类型、型号，其对将电池组整体温度保持最佳范围内、降低能耗是很重要的。可以通过实验、理论计算和数值模拟的方法来估计压降、空气流量，帮助风机选型。当流动阻力小时，可以考虑选用轴流风机；当流动阻力大时，可以选择离心风机。同时，根据电池组的温度变化情况，从降低能耗考虑，适宜选择多挡位风机。

4）流通面积

在流动方向上，通过不断缩小流通面积，使空气流速逐渐变大，与电池换热的换热系数也增大，而空气在流动过程中因为与经过的电池换热，温度不断升高，与电池的温差逐渐减小，平衡了上、下游散热条件，使得整体的换热效果基本一致。但流通面积降低，阻力加大，需要选择风压较高的风机。

5）流场设计

流场设计的合理性直接影响电池模块之间的温度差异。例如串行通风与并行通风对电池组温差影响差别就比较大。

6）电池包覆材料

可以使用不同的电池包覆材料，利用不同的材料厚度来改变单体电池的散热条件。在Prius 的设计中，为了使各电池温度均匀，在电池表面包覆薄膜，使得越是位于上游侧的电池组件，其上包覆的薄膜筒直径越大，进一步提高温度均匀性。但是在一定程度上会增加电池箱体积和质量，且这种方法牺牲了部分散热性能来达到温度场的均匀，会加大散热负荷。

7）电池组支撑材料

在保证电绝缘性和机械强度的条件下，尽量选用导热性能良好的支撑材料，增大导热在电池组散热中的比例，从而使电池组内温度场分布均匀化。作为电池模块的支撑固定架，既可以采用非金属材料，也可以采用金属材料，采用金属材料时需注意绝缘。

（3）液冷

液冷技术的原理是通过电池包内部的冷却液来带走电池在工作中所产生的热量，以达到降低电池温度的效果。简单来讲，液冷系统技术是在电池包里穿过一根水管，需要为电池降温时就往水管里通冷水，通过冷水带走热量降温，而需要升温时就往水管中通入热水。液冷系统对电池包的温度控制效果要优于风冷系统，液体介质与电池面之间热换热系数高，冷却、加热速度快，且体积较小。缺点在于结构相对复杂，需要水套、换热器等部件，质量相对较大，维修和保养更复杂。

随着使用环境对动力电池的要求越来越高，液冷技术也逐渐取代风冷技术成为各大车企的优先选择，尤其是在大中型纯电动汽车中，液冷系统的使用率非常高，在小型纯电动汽车乃至插电式混合动力汽车中，应用液冷的新车型也越来越多。特斯拉 Model S、帝豪 EV、江淮IEV6E 等都采用了液冷技术。

（4）直冷

直冷系统与液冷系统的结构类似，但直冷会直接将汽车空调系统的制冷剂注入电池包内部，制冷剂在气液相变过程中能够吸收大量的热，更快速地带走电池内部的热量，散热效率更高。直冷相比液冷能够将换热效率提升 3 倍以上。宝马 i3 便采用了直冷系统。直冷系统也有缺陷，它对系统的气密性要求较高，对生产制造工艺提出了更高的要求，再就是直冷系统的散热均匀性不易控制，电芯温差存在过大的风险。

5.5.4　动力电池组热管理系统设计实现

（1）串行通风与并行通风方式

按照散热风道结构（散热流场设计），风冷系统分为串行通风方式和并行通风方式两种。串行通风方式一般是使空气从电池包一侧流往另外一侧，从而达到带走热量的效果。这时气流会将先流过地方的热量带到后流过的地方，从而导致两处温度不一致且温差较大。图5.18所示为串行通风方式示意图。

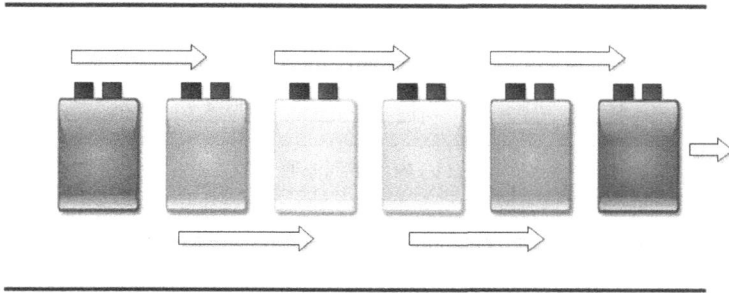

图 5.18　串行通风方式

在并行通风方式下，模块间空气都是直立上升气流，这样能够更均匀地分配气流、均匀地带走热量，从而保证电池包中各处的散热一致性，从而保证电池包的温度均衡，不会出现串行通风时在一个区域内出现热量积累、温度较高等现象。图 5.19 所示为并行通风方式示意图。

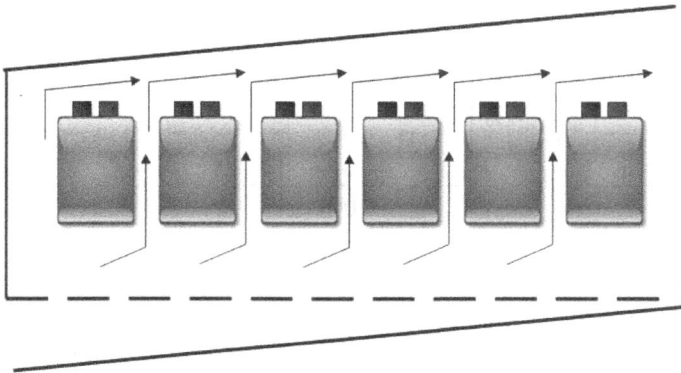

图 5.19　并行通风方式

（2）被动冷却系统和主动冷却系统

热管理系统按照是否有内部加热或制冷装置分为被动冷却系统和主动冷却系统。被动

101

冷却系统直接将电池内部的热空气排出车体,成本较低,采取的设施相对简单;主动冷却系统相对复杂,通常具有一个内循环系统,并且根据电池系统内部的温度进行主动调节,以达到最大散热能力。主动冷却系统需要更大的附加功率,效果更好。

图 5.20 所示为被动冷却系统示意图,图 5.21 所示为主动冷却系统示意图。

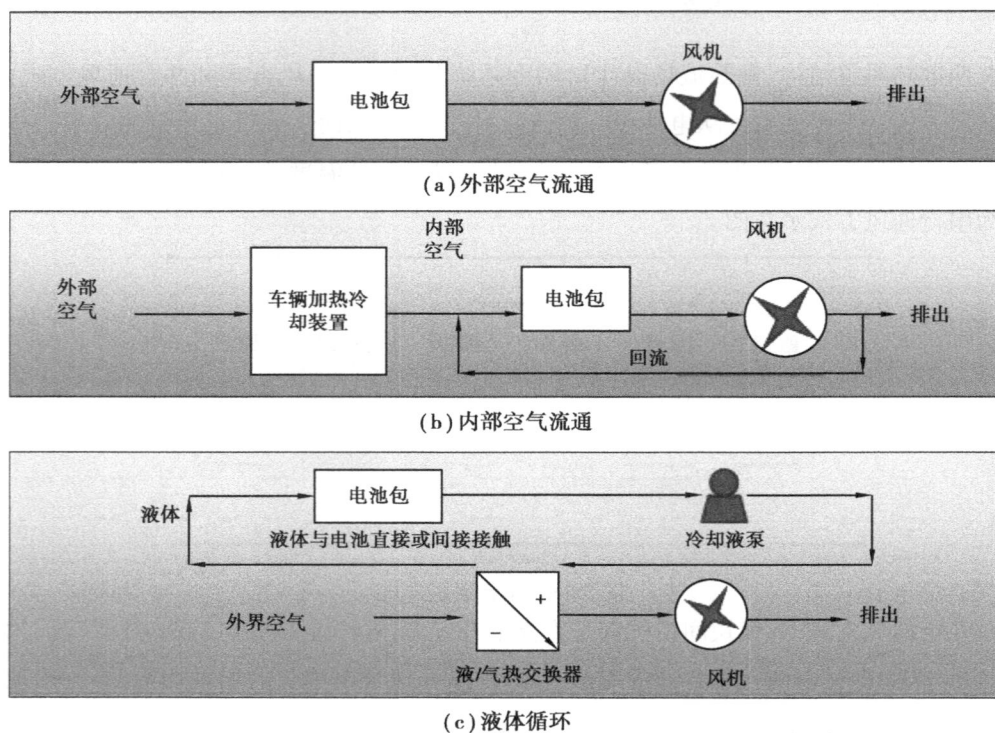

（a）外部空气流通

（b）内部空气流通

（c）液体循环

图 5.20　被动冷却系统示意图

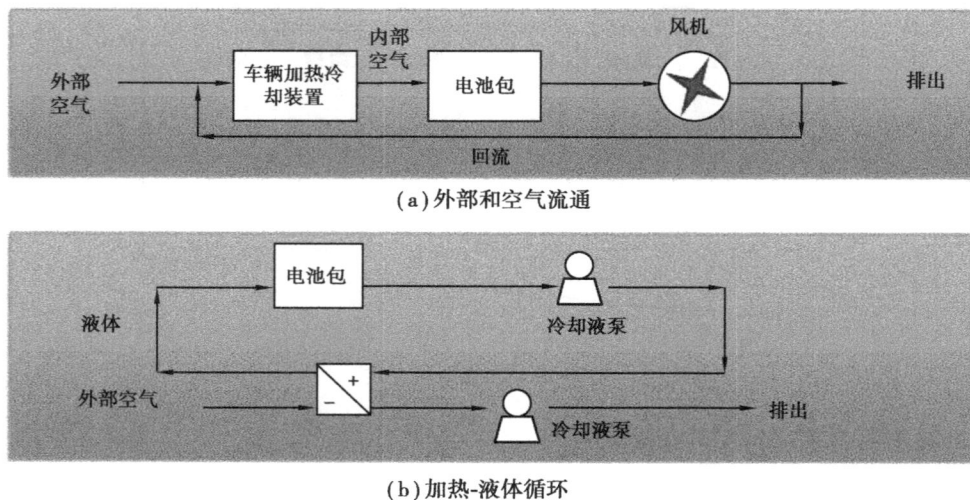

（a）外部和空气流通

（b）加热-液体循环

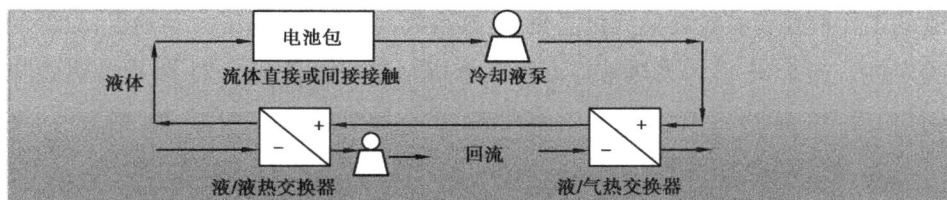

（c）加热-液体循环

图 5.21　主动冷却系统示意图

（3）热管相变材料冷却

热管技术是 1963 年美国洛斯·阿拉莫斯（Los Alamos）国家实验室的乔治·格罗佛（George Grover）发明的一种称为"热管"的传热元件，它充分利用了热传导原理与相变介质的快速热传递性质，通过热管将发热物体的热量迅速传递到热源外。

典型的热管由管壳、吸液芯和端盖组成，将管内抽成负压后充以适量的工作液体，使紧贴管内壁的吸液芯毛细多孔材料中充满液体后加以密封。管的一端为蒸发端（加热端），另一端为冷凝端（冷却端），当热管的一端受热时毛细管中的液体蒸发汽化，蒸汽在微小的压差下流向另一端放出热量凝结成液体，液体再沿多孔材料靠毛细力的作用流回蒸发端。如此循环不已，热量由热管的一端传至另一端。热管在实现这一热量转移的过程中，包含了以下 6 个相互关联的主要过程：

①热量从热源通过热管管壁和充满工作液体的吸液芯传递到（液-气）分界面。

②液体在蒸发端内的（液-气）分界面上蒸发。

③蒸汽腔内的蒸汽从蒸发端流到冷凝端。

④蒸汽在冷凝端内的气-液分界面上凝结。

⑤热量从（气-液）分界面通过吸液芯、液体和管壁传给冷源。

⑥在吸液芯内由于毛细作用使冷凝后的工作液体回流到蒸发端。

图 5.22 所示为热管工作原理示意图。

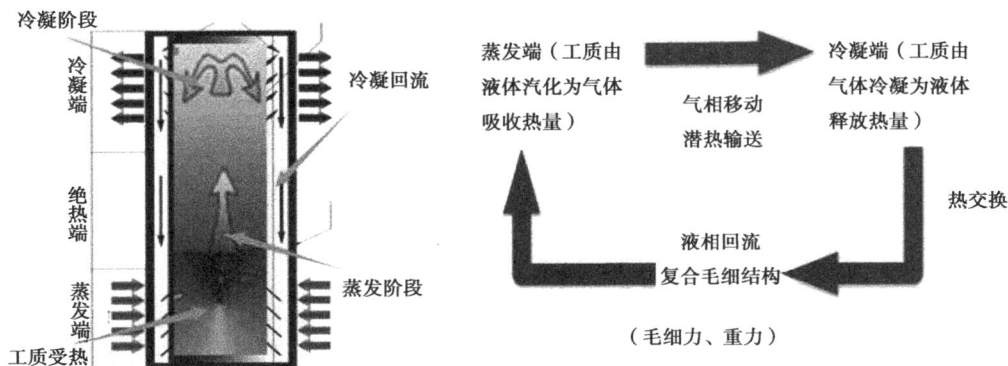

图 5.22　热管工作原理

热管的工作液要具有较高的汽化潜热、导热系数,合适的饱和压力及沸点,较低的黏度及良好的稳定性。图 5.23 所示为热管降温仿真分析结果比对。图 5.24 所示为热管降温实验结果比对。

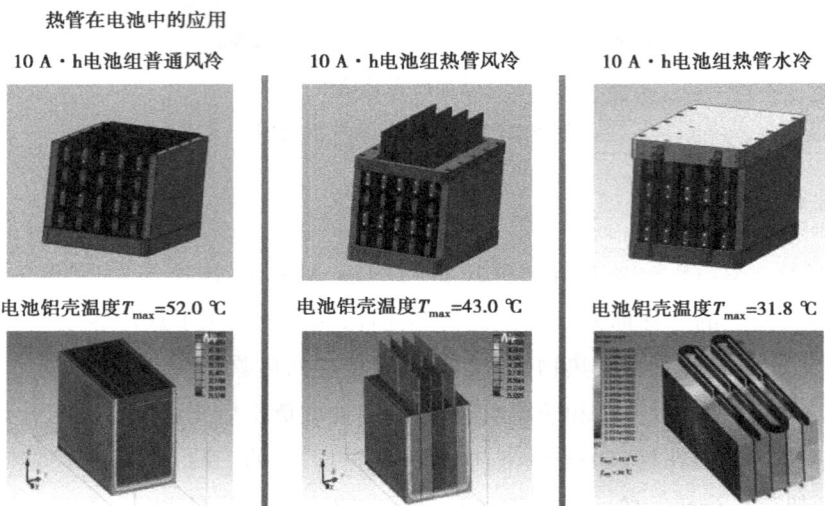

图 5.23　热管降温仿真分析结果对比

状态	单只电池功率/W	环境温度/℃	平均温度/℃	均值	温升
未使用热管	10	21.1	45.9	3.7	24.8
使用热管	10	21.7	32.9	2.1	11.2

图 5.24　热管降温测试结果对比

5.6　动力电池的电安全管理和数据通信

动力电池在电动车辆上安装应用,必须满足车辆部件的耐振动、耐冲击、耐跌落、耐盐雾等强度要求,保证可靠应用。为满足防水、防尘要求,电池包应满足一定的 IP 防护等级,

在极端工况下,通过电池安全管理系统应能实现电池包的高压断电保护、过流断开保护、过放电保护、过充电保护等功能。

5.6.1　动力电池电安全管理系统的功能

动力电池电安全管理系统的功能主要包括:烟雾报警、绝缘检测、自动灭火、过充电控制、过放电控制、防止温度过高、在发生碰撞的情况下关闭电池等功能。

(1)烟雾报警

在车辆行驶过程中由于路况复杂及电池本身的工艺问题,可能由于过热、挤压和碰撞等原因而导致电池出现冒烟或着火等极端恶劣的事故,若不能及时发现并得到有效处理,势必导致事故的进一步扩大,对周围电池、车辆以及车上人员构成威胁,严重影响该车辆运行的安全性。

动力电池管理系统中烟雾报警的报警装置应安装于驾驶员控制台,在接收到报警信号时,迅速发出声光报警和故障定位,以保证驾驶员能够及时接收报警器发出的报警信号。

由于烟雾的种类繁多,一种类型的烟雾传感器不可能检测所有的气体,通常只能检测某一种或两种特定性质的烟雾。

烟雾传感器应用在动力电池上,需要在了解电池燃烧产生的烟雾构成的基础上进行传感器的选择。一般电池燃烧产生大量的 CO 和 CO_2,因此可以选择对这两种气体敏感的传感器。在传感器的结构上需要适应车辆长期应用的振动工况,防止因路面灰尘、振动引起的传感器误动作。图 5.25 所示为车载烟雾报警系统结构示意图。

(2)绝缘检测

1)漏电直测法

将万用表打到电流挡,串在电池组正极与设备壳体(或者地)之间, 可检测到电池组负极

105

对壳体之间的漏电流。

将万用表打到电流挡,串在电池组负极与壳体之间,可检测电池组正极对壳体之间的漏电流。

该方法简单易行,在现场故障检测、车辆例行检查中常用。

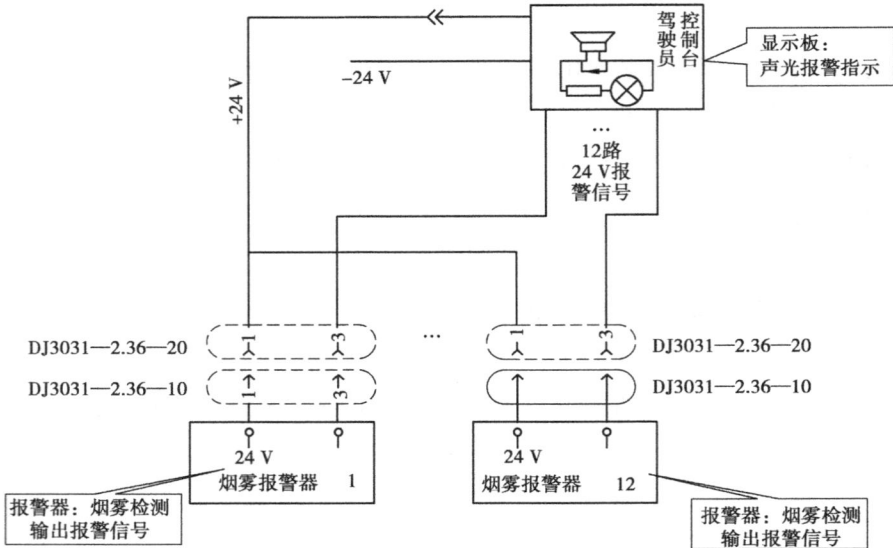

图 5.25 车载烟雾报警系统结构

2)电流传感法

将电池系统的正极和负极动力总线一起同方向穿过电流传感器,当没有漏电流时,从正极流出的电流等于返回电源负极的电流,因此,穿过电流传感器的电流为零,电流传感器输出电压为零,当发生漏电现象时,电流传感器的输出电压不为零。根据该电压的正负可以进一步判断该漏电电流是来自电源正极还是负极。应用这种检测方法的前提是待测动力电池组必须处于工作状态,要有工作电流的流入和流出,它无法在系统空载的情况下评价电池系统对地的绝缘性能。

3)绝缘电阻表测量法

绝缘电阻表又称兆欧表,绝缘电阻表大多采用手摇发电机供电,故又称摇表,它的刻度是以绝缘电阻为单位的,是电工常用的一种测量仪表,用绝缘电阻表可直接测量绝缘电阻的阻值。

(3)自动灭火

动力电池工作后是必然要发热的,常态下是可控的,但是非常态下会失控。如果失控,可能会发生火灾。保障途径有两条:一是事前有预警,可提前进行人员干预;二是如果预警功能失效,必须有自动灭火功能。

自动灭火系统主要由单体式动力电池火情预警控制装置和动力电池专用新型气体自动灭火装置两部分组成。干预控制及火情发生紧急状态下自动高效灭火,具有多传感器复合探测,全周期火情探测,热失控监测分析预警,紧急控制灭火等特征,以探测预警智能控制的方式解决动力电池组火灾隐患,最大限度保护电动汽车及司乘人员安全。实际车载产品必须要求具有装置体积小巧、安装灵活、运维便捷、绿色环保、适应性强等优势特点;在功能(性能)上要求,具有火灾探测预警、自启、人工启动等特点,满足灭火效率和效果要求。

1)动力电池组热失控预警的基本功能

①火情早期准确识别。

②全周期火情探测记录。

③智能判断,联动灭火。

④数据黑匣子功能,数据追踪。

⑤灭火剂无残留,对电气设备无损害。

⑥长寿命,轻维护。

⑦开放接口,信息共享。

2)动力电池热失控预警与灭火系统原理

系统通过监测电池箱内部类 CO 气体、烟雾、温度、火焰各探测点的实时参数及其变化值,使用数据监测模型对参数变化进行动态分析处理,智能判断是否存在热失控火情风险。图5.26所示为电池热失控预警与灭火系统。

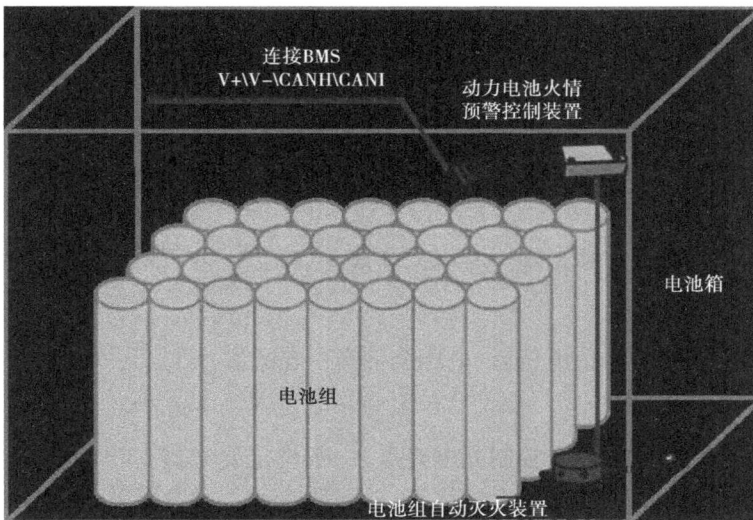

图 5.26　电池热失控预警与灭火系统

当动力电池出现故障并开始泄压、发热等,探测器可探测到异常变化,将火情发生的潜在阶段、发烟阶段、高温阶段及明火阶段通过 CAN 总线或线束向驾驶员发出预警信号,实现分级预警及控制启动灭火装置,系统可以智能判断并自动启动灭火装置以防止火情恶化,也可在紧急状态下由人工启动灭火装置。灭火装置通过高效灭火剂在数秒内控制火情,最大限度保护电池组安全。

3)动力电池组专用气体自动灭火装置

动力电池组专用气体自动灭火装置日常为无压力储存,灭火药剂具有防潮、耐温、抗腐蚀等优异性能。火灾发生时,装置通过电启动或感温启动方式引发灭火药剂发生作用,迅速产生大量亚纳米级固相微粒和惰性气体混合物,以高浓度烟气状立体全淹没式作用于火灾发生的每个角落,通过物理降温、化学抑制、稀释氧气多重作用,快速高效扑灭火灾,对环境及人员无毒害。

(4)过充电控制

过充电是指电池经一定充电过程充满电后,再继续充电的行为。由于在设计时,负极容量比正极容量要高,因此,正极产生的气体透过隔膜纸与负极产生的镉复合。故一般情况下,电池的内压不会有明显升高,但如果充电电流过大,或充电时间过长,产生的氧气来不及被消耗,就可能造成内压升高、电池变形、漏液等不良现象。同时,其电性能也会显著降低。

为了防止电池过充,需要对充电终点进行控制,当电池充满时,会有一些特别的信息可用来判断充电是否达到终点。一般有以下几种方法来防止电池被过充:

1)峰值电压控制

通过检测电池的峰值电压来判断充电的终点。

2)dT/dt 控制

通过检测电池峰值温度变化率来判断充电的终点。

3)T 控制

电池充满电时温度与环境温度之差会达到最大。

4)V 控制

当电池充满电达到一峰值电压后,电压会下降一定的值。

5)计时控制

通过设置一定的充电时间来控制充电终点,一般设定要充进 130% 标称容量所需的时间来控制。

6)TCO 控制

考虑电池的安全和特性应当避免高温(高温电池除外)充电,因此当电池温度升高至

60 ℃时应当停止充电。

5.6.2　动力电池数据通信

数据通信是动力电池管理系统的重要组成部分之一。主要涉及动力电池管理系统内部主控板与检测板之间的通信、动力电池管理系统与车载主控制器、非车载充电机等设备间的通信等。在有参数设定功能的动力电池管理系统上,还有电池管理系统主控板与上位机的通信。CAN 通信方式是现阶段电池管理系统通信应用的主流,RS-232、RS-485 总线等方式在电池管理系统内部通信中也有应用。

CAN(Controller Area Network)数据总线是一种极适合于汽车环境的汽车局域网。车载网络有几种,CAN 总线是德国 Bosch 公司为解决汽车监控系统中的复杂技术难题而设计的数字信号通信协议,它属于总线式串行通信网络。与同类车载网络相比,CAN 总线在数据传输方面具有可靠、实时和灵活的优点,现已成为汽车总线的主流技术和标准,被世界很多著名汽车制造厂商所采用。

RS-232 是 IBM-PC 及其兼容机上的串行连接标准。在许多的途径中都能应用,比如用来连接打印机和鼠标,同时它也可以用于工业仪器仪表的连接。连线和驱动的改进也可以用起来实现,在日常生活中使用的 RS-232 传输的速度或者是传输长度通常是超过标准值的。RS-232 只是局限于 PC 串口与设备之间的点对点通信。

RS-485 总线标准规定了总线接口的电气特性标准即对于两个逻辑状态的定义:正电平在 +2 ~ +6 V,表示一个逻辑状态;负电平在 -2 ~ -6 V,则表示另一个逻辑状态;数字信号采用差分传输方式,能够有效减少噪声信号的干扰。RS-485 总线标准对于通信网络中相关的应用层通信协议并没有做出明确的规定,则对于用户或者相关的开发者来说都可以建立对于自己的通信网络设备相关的所适用的高层通信协议标准。

图 5.27 所示为 BJ6123C7C4D 纯电动客车电池管理系统通信方式示意图。

图中 RS-232 主要实现主控板与上位机或手持设备的通信,完成主控板、检测板各种参数的设定;RS-458 主要实现主控板与检测板之间的通信,完成主控板电池数据、检测板参数的传输;CAN 通信分为 CAN1 和 CAN2 两路,CAN1 主要与车载主控制器通信,完成整车所需电池相关数据的传输;CAN2 主要与车载仪表、非车载充电机通信,实现电池数据的共享,并为充电控制提供数据依据。

在车载运行模式下,电池管理系统中央控制模块通过 CAN1 总线将实时的、必要的电池状态告知整车控制器以及电机控制器等设备,以便采用更加合理的控制策略,既能有效地完成运营任务,又能延长电池使用寿命。同时电池管理系统中央控制模块通过高速 CAN2 可以将电池组的详细信息告知车载监控系统,完成电池状态数据的显示和故障报警灯功能,为电池的维护和更换提供依据。图 5.28 所示为车载运行模式下的动力电池管理系统的结构,图 5.29 所示为应急充电模式下的动力电池管理系统的结构。

应急充电模式下,充电机实现与电动汽车物理连接。此时的车载高速 CAN2 加入充电机节点,其余不变。充电机通过高速 CAN2 了解电池的实时状态,调整充电策略,实现安全充电。

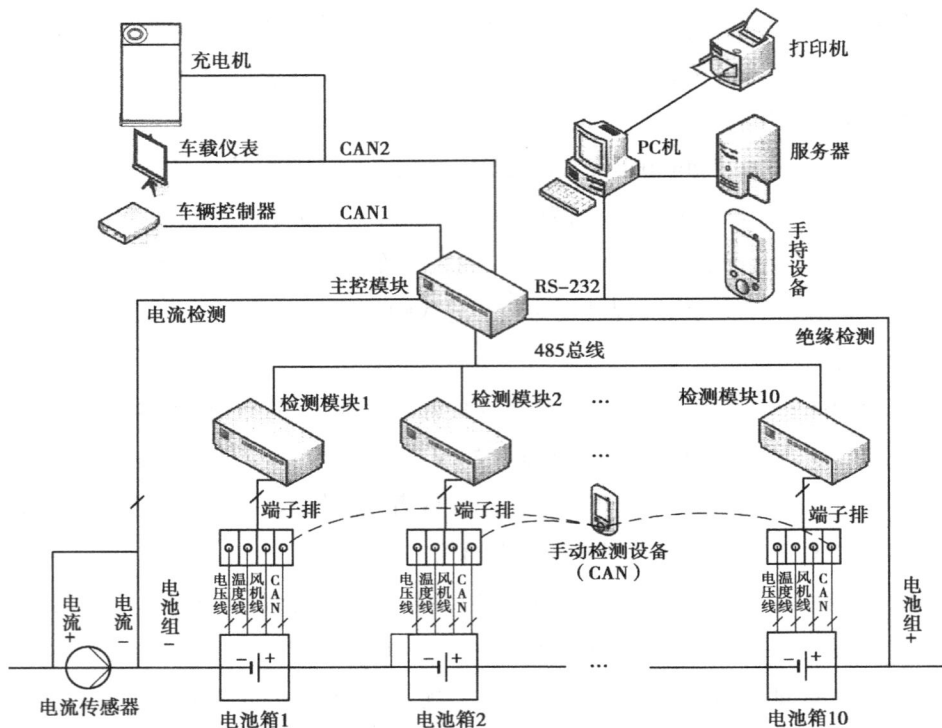

图 5.27　BJ6123C7C4D 纯电动客车电池管理系统通信方式示意图

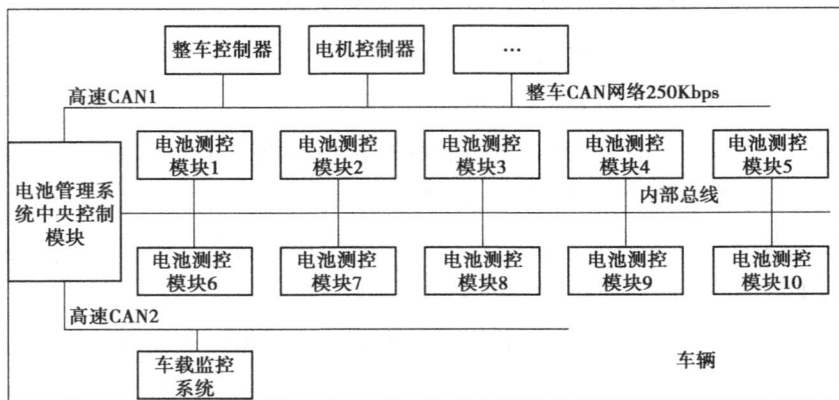

图 5.28　车载运行模式下的动力电池管理系统的结构

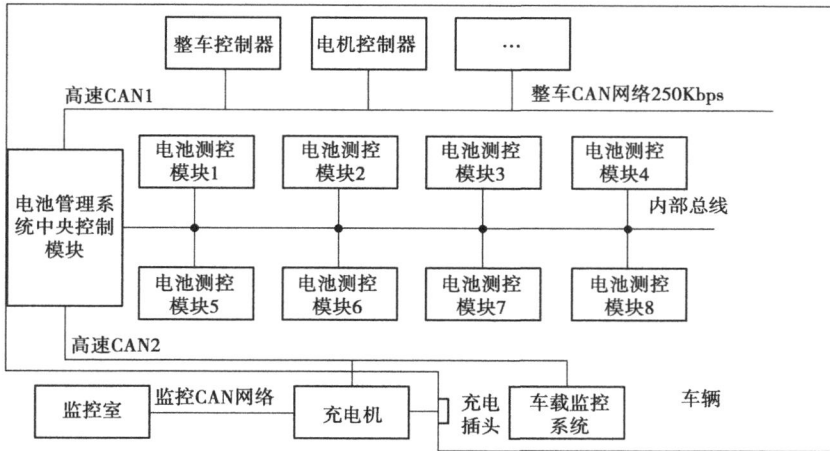

图 5.29　应急充电模式下动力电池管理系统的结构

参考文献

[1] 徐艳民. 电动汽车动力电池及电源管理[M]. 北京:机械工业出版社,2015.

[2] 刘海峰,廖辉湘. 电动汽车动力蓄电池及管理系统[M]. 北京:人民交通出版社股份有限公司,2018.

[3] 罗英,吴浩. 新能源汽车动力蓄电池与能量管理技术[M]. 北京:人民交通出版社股份有限公司,2019.

[4] 周志敏,纪爱华. 电动汽车充电桩安装调试与运行维护[M]. 北京:化学工业出版社,2019.

[5] 麻友良. 新能源汽车动力电池技术[M]. 北京:北京大学出版社,2016.